es 1485
edition suhrkamp
Neue Folge Band 485

Jochen Hörisch versteht den hier wiedervorgelegten fulminanten Essay als einen Beitrag zur »Kritik der Hermeneutik«. Seine Absicht ist es, grundsätzlich darzulegen, daß »Verstehen« nicht immer und an allen Orten selbstverständlich war und ist, daß das hermeneutische Verfahren den Sinn von Texten vereinfacht und eine Sekundärliteratur produziert, die mit der Primärliteratur konkurriert und sie verdrängt. Zur Diskussion steht also der Universalitätsanspruch der Hermeneutik. Ergänzt wird der Essay durch vier sachliche Polemiken gegen neuere Hermeneutikvarianten, gegen die populistische Form der Literaturkritik und gegen die verfehlte Rezeption dekonstruktiv-antihermeneutischer Reflexionen in Deutschland.

Jochen Hörisch, geb. 1951, ist Professor für Neuere Germanistik und Medienanalyse an der Universität Mannheim. Publikationen: (Hg.) *Ich möchte ein solcher werden wie... Materialien zur Sprachlosigkeit des Kaspar Hauser* (1979); *Gott, Geld und Glück – Zur Logik der Liebe* (1983); *Brot und Wein – Die Poesie des Abendmahls* (1992); *Kopf oder Zahl – Die Poesie des Geldes* (1996); (Hg.) *Mediengenerationen* (1997).

Jochen Hörisch
Die Wut des Verstehens

*Zur Kritik
der Hermeneutik*

Erweiterte Nachauflage

Suhrkamp

edition suhrkamp 1485
Neue Folge Band 485
Erweiterte Nachauflage 1998
© Suhrkamp Verlag Frankfurt am Main 1988
Erstausgabe
Alle Rechte vorbehalten, insbesondere das der Übersetzung,
des öffentlichen Vortrags
sowie der Übertragung durch Rundfunk und Fernsehen,
auch einzelner Teile.
Satz: Jung Satzcentrum, Lahnau
Druck: Nomos Verlagsgesellschaft, Baden-Baden
Umschlagentwurf: Willy Fleckhaus
Printed in Germany

1 2 3 4 5 6 – 03 02 01 00 99 98

Inhalt

Vorwort zur erweiterten Nachauflage 7

Vorwort 11

1. Hermes, Hermetik und Hermeneutik......... 13
2. Antike und frühchristliche Antihermeneutik......................... 21
3. Auslegen gehört Gott zu 29
4. Der eine Geist und die vielen Buchstaben 36
5. Hermeneutik-Kritik in Goethes bestem Buch 47
6. Schleiermacher über die »Wut des Verstehens«..................... 54
7. Schleiermachers Hermeneutik oder: Warum die Größten alle dasselbe sagen 61
8. Ein erweiterter Autor: Der Spurenleser 71
9. Was nie geschrieben wurde, lesen 82
10. Die Zeit der anderen Auslegung 93

Anhang

11. Die leicht (v)erträgliche Unzeitgemäßheit der Hermeneutik.....................103
12. Schwarze Lettern auf flimmenden Mattscheiben 110

13. Literaturpapst oder Dorfrichter Adam? 115
14. Wunderlicher Bruch 120

Anmerkungen.......................... 131
Literatur 140

Vorwort zur erweiterten Nachauflage

Es gibt Worte und Wendungen, die gewissermaßen kritikimmun sind. Wer sie dennoch zu kritisieren anhebt, macht sich schnell unmöglich. Er wende sich an alle Menschen guten Willens – so lautet eine der Lieblingswendungen von Bundeskanzler Kohl. Zu fragen, wen er damit ausschließe und als böswillig stilisiere, gehört nicht zu den üblichen Reaktionen auf die Kanzlerwendung. Denn diese Frage erschiene allzu böswillig. Den guten Willen zu kritisieren oder gar zu unterstellen, der gute Wille könne böse Konsequenzen haben, ja an sich selbst »böse sein«, macht – wie eine bemerkenswerte Diskussion zwischen Hans-Georg Gadamer und Jacques Derrida gezeigt hat[1] – mehr Aufwand, mehr Schwierigkeiten, aber eben auch mehr produktiven Sinn als das Vertrauen in die Suggestion, der gute Wille werde schon gutwillig sein.

Wer als sogenannter »Geisteswissenschaftler« Argumente erwägt und vorträgt, die »gegen« Gutwilligkeit, Verstehen und Kommunikation gerichtet sind, gerät schnell in eine seltsame, wenn auch nicht reizlose Situation. Auch wohlmeinende und gutwillige Freunde machen ihn umgehend darauf aufmerksam, daß er (um in Kongreßsprache zu formulieren) sich damit in eine pragmatische Paradoxie verwickele, daß er (um in Weinstubensprache zu sprechen) damit doch den Ast absäge, auf dem er sitze, und daß er (um in der Sprache des Kampfes um knappe Ressourcen zu raunen) somit wohl auch die Aussichten auf eine dauerhafte Uni-Stelle... Die wohlmeinende Kritik am vorliegenden, 1988 zuerst erschienenen, schnell vergriffenen und hier schon aus Fairneß-Gründen unverändert abgedruckten Essay lautete: haltbar sei das alles wohl nicht, aber unverkennbar sei, daß es sich um ein nicht eben berufungsopportunistisches Buch handele. Die obligatorische Pointe ist natürlich, daß der Ruf unterwegs war, als dieser Essay ausgeliefert wurde. Kein Grund, von einer erweiterten Nachauflage abzusehen.

Nicht ohne paradoxen Reiz waren die Diskussionen um diesen Essay vor allem aus zwei Gründen: Sie waren erstens selten langweilig. Auf dem Hermeneutik-Kongreß, der im September 1994 in Halle stattfand, verließ ein bekannter deutscher Hermeneut und Rezeptionstheoretiker protestierend den Saal, als ich den harmlosen Satz sagte, man könne, wenn man böse Blicke riskieren wolle, die Stasi auch als hermeneutische Mega-Organisation begreifen, die verstehen wolle, was die DDR-Bevölkerung denke und fühle. Von paradoxem Reiz waren Diskussionen um antihermeneutische Thesen auch deshalb (zweitens), weil sich keiner fand, der behaupten mochte, der verstehenskritische Essay habe etwa Schleiermachers *Reden über die Religion* oder Goethes *Wahlverwandtschaften* falsch verstanden. Die Titelformulierung von der »Wut des Verstehens« stammt bekanntlich (bekanntlich? – dem Zitat aus der doch bekanntesten Schrift Schleiermachers wird man in der Hermeneutik-Diskussion, um zurückhaltend zu formulieren, selten begegnen) vom Begründer der neueren Hermeneutik selbst. Daß Schleiermachers frühe und beste Schrift ein Loblied auf die Kunst des Verstehens singe, läßt sich nicht ernsthaft behaupten. Und daß Goethes bestes Buch in der Gestalt Mittlers die segensreichen Wirkungen von Kommunikations-, Verständigungs- und Vermittlungswille dargestellt habe, hat kein noch so hermeneutikseliger Interpret darlegen können. Kurzum: irritierend wirkt der hier erneut vorgelegte Essay wohl auch deshalb, weil er bei allen Vorbehalten gegen die »Wut des Verstehens« unübersehbare Textsignale in großen Texten verstanden hat, die ansonsten gerne interpretatorisch abgetrieben werden. Der hier wiedervorgelegte Essay argumentiert (nicht nur) mit Goethes und Schleiermachers besten Büchern gegen eine geisteswissenschaftliche Überkonjunktur, die gespenstische Dimensionen hat und die die besten Impulse der Goethezeit eben nicht bewahrt, sondern fahrlässig und wohlgemut preisgibt.

Wütende Reaktionen hat der Essay über die »Wut des Verstehens« wohl ebendeshalb provoziert, weil er, was ja nicht sonderlich originell ist, Texte von Goethe, Schleiermacher, Rilke und anderen aufregend, großartig und unerhört findet. Und weil er die Vermutung begründet, der hermeneutische Umgang mit diesen Texten sei totemistisch – nämlich darauf aus, ihre Pointen unlesbar zu machen, sie dem gesunden Menschenverstand zu assimilieren und sie interpretatorisch zu mortifizieren. Ergänzt wird der Essay in der Nachauflage durch vier sachliche Polemiken gegen verwandte totemistische Muster: 1. gegen neuere Hermeneutik-Varianten (Kapitel 11), 2. gegen die gutwilligen Versuche des *Literarischen Quartetts*, Gegenwartsliteratur einem TV-Publikum verständlich zu machen (Kapitel 12), 3. gegen Marcel Reich-Ranickis »Rezensenten-Wut« (Kapitel 13) und 4. gegen eine schon im Ansatz verfehlte Rezeption dekonstruktiv-antihermeneutischer Reflexionen in Deutschland (Kapitel 14).

Mannheim, im August 1997 *J. H.*

*Den dissidenten Denkern
der Stiftung am Niederrhein*

Vorwort

> ... ist Interpretation die Rache des
> Intellekts an der Kunst.
>
> Susan Sontag, *Gegen Interpretation*

Als im Jahre 1960 Hans-Georg Gadamers in jeder Weise gewichtiges Buch *Wahrheit und Methode – Grundzüge einer philosophischen Hermeneutik* erschien, was »Hermeneutik« noch ein Begriff für wenige Spezialisten. Inzwischen aber hat dieser Begriff nicht nur in der Philosophie, sondern in Theologie, Jurisprudenz und in den Wissenschaften vom Menschen überhaupt eine bemerkenswerte Karriere und Konjunktur erlebt. Die Kompetenz der Hermeneutik hat sich geradezu atemberaubend erweitert. War sie zuerst für ein, nämlich für das eine heilige Buch zuständig, so fiel ihr bald die Aufgabe zu, auch die vielen profanen Bücher dem einen kompatibel zu machen. Dann schien sie sich gar darauf zu verstehen, alle Bücher für sich ernst zu nehmen. Schließlich überwand sie prinzipiell die Beschränkung auf Bücher, wandte sich auch dem Nichtgeschriebenen zu und erklärte schlußendlich schlechthin alles: die Welt, das Leben und den Tod, zu ihrem Thema.

Stand und Standard der Hermeneutik-Debatte sind – kein Wunder angesichts solcher Universalitäten – von großer Subtilität. Der vorliegende Text unterbietet diesen Diskussions-Stand in eklatanter Weise. Auf die Interna der älteren und neueren Hermeneutik-Debatte geht er kaum oder doch nur am Rande ein. Absicht des Folgenden ist es vielmehr, grundsätzlich darzulegen, daß »Verstehen« nicht immer und an allen Orten selbstverständlich war und ist, weil das, was selbstverständlich ist, aufhört, es zu sein, wenn es verstanden und gar interpretiert wird. Zur hermeneutischen Diskussion verhält sich das Folgende wie das Kind zu des Kaisers neuen Kleidern. Dabei weiß es, wie wichtig die Funktion des Diskurses über das, was es nicht gibt, sein kann.

Nachgezeichnet wird deshalb eben nicht die Geschichte der hermeneutischen Geschäftigkeit oder der »Wut des Verstehens«, wie kein anderer als die Gründungsfigur der neueren Hermeneutik, Schleiermacher, es formulierte. Ausgebreitet werden vielmehr Etappen der hartnäckigen Vermutung, »Verstehen« sei ein heikel-reizvolles Epiphänomen. Zur Diskussion also steht der Universalitätsanspruch der Hermeneutik. Und die Frage, ob die hermeneutische Geschäftigkeit das Verstehen recht versteht und die Leistung von Interpretationen angemessen interpretiert.

J. H.

1. Hermes, Hermetik und Hermeneutik

Die olympischen Götter gelten nicht eben als sonderlich seriös. Betrügen, berauben und überlisten sie doch die Sterblichen wie ihre unsterblichen Mitgötter in einem Übermaß, das verläßliches Hören, Sehen und Verstehen vergehen macht. Unseriöser aber ist unter ihnen keiner als ausgerechnet der Gott, dessen Aufgabe es ist, gesicherte Informationsübermittlung und verständigen Umgang miteinander zu gewährleisten: Hermes. Keine Schandtat, die ihm nicht zuzutrauen wäre. Was nicht ausschließt, ihn als Genie des Betrugs und der systematischen Desinformation auch zu bewundern.

Zu beidem – zur Bewunderung wie zur empörten Kritik – verleitet schon die erste und wirkungsgeschichtlich mächtigste Kunde über den Schutzgott der Hermeneuten, die von diesem Schmutzgott sich den Namen geben ließen: der homerische Hymnos an Hermes. Er ist um 600 v. Chr. entstanden und schildert das bewegte Leben des Kindes, das kein Geringerer als Zeus mit keiner Geringeren als der Tochter des Atlas, mit der »lockigen Nymphe« Maia, zeugte.[1] Als die Zeit nahte, da Maia gebären sollte, zog sie in eine »schattige Grotte« (v. 6) des Berges Kyllene, und als dort ihr göttliches Kind geboren war, wickelte sie es in Windeln und legte es in eine Wiege. Darin aber verblieb Hermes nicht lange. Denn alsbald war er, der geradezu obszön schnell Heranwachsende, nicht nur aus dem »Schooss der unsterblichen Mutter« (v. 20), sondern aus der »gottgeweihten Wiege« (v. 217) gesprungen, um Abenteuer zu suchen.

Schon die beiden ersten dieser vielfältigen Abenteuer dürfen, ja müssen abgründig genannt werden. Gleich auf seinem anfänglichen Weltgang nämlich erhascht sich das verdächtig frühreife Gotteskind »unsägliches Glück ... in dem Funde der Schildkröt« (v. 24), die es flugs, wie es heißt, in die »Sängerin Schildkröt« (v. 25) verwandelt – die es also tötet, um dann ihren Panzer mit Saiten zu bespannen und zum Schallkörper seiner musischen Lust zu machen. Daß diese ingeniöse Erfindung der Leier Opfer heischt, ja daß »die Verwandlung von Lebendigem zu Kunstfähigem des Opfertodes bedarf«[2], spricht der frühreife und noch nicht zum Hermeneuten bestellte Hermes in aller unverhohlenen und deutungsunbedürftigen Klarheit aus:

»Gelt ich nehm' und trag dich nach Haus – mir wirst du zum Heil sein: / häuslich sein ist das Beste; denn draussen lauert das Unheil –; / werde dich gar nicht mißachten. Und mir sollst nützen zuerst du: / wenn du zur Schutzwehr wirst vor schmerzensreicher Behexung / und für die Lebenden stirbst, recht schön dann dürftest du singen.« / Also sprach er; zugleich es mit beiden Händen erhebend / trug er das Spielzeug heim, das reizende, ging in die Wohnung, / löst' dort die Naht mit dem Meißel von schwärzlichem Eisen und bohrte / alles Lebend'ge heraus aus der bergbewohnenden Schildkröt (vv. 34-41).

Eine hermeneutische und hermetische Urszene. Eine Urszene, die gleißend verdeutlicht, daß das Schreckliche der Anfang der ästhetischen Regel ist, danach das Schöne nichts als des Schrecklichen Anfang ist.

Die Begegnung mit dem allzu hintersinnigen puer senex Hermes kann so schön wie schrecklich sein. Das beweist wie das erste so auch das zweite Abenteuer. Denn nicht nur die Lust an schönen Tönen, auch »Gelüst nach ... Fleisch« (v. 130, cf. v. 64) treibt das göttliche Kind umher und genauer in die Gefilde eines Gottes, der ihm kompetenzmäßig und als Halbbruder auch verwandtschaftlich recht nahesteht, ihm aber charakterlich bei allem eigenen Makel denn doch deutlich überlegen ist – in die Gefilde des Musengottes Apollon. Dessen 50 edle Kühe stiehlt der schon als Kleinkind schändlich verdorbene Hermes, den deshalb bereits der Hymnenbeginn als »vielgewandten und verschmitzten Rinderdieb und Freibeuter« (v. 13 sq.) charakterisiert.

Den Diebstahl aber verübt Hermes mit einer Geschicklichkeit, die um so bemerkenswerter ist, als sie ein Licht auf die Gründungsfigur der Hermeneutik und auf die von ihm eingesetzte Kunst des Verstehens wirft. Hermes nämlich betreibt einigen Aufwand, um die Spuren seines Tuns gründlich zu verwischen. Aus der Rinde einer umgestürzten Eiche stellt er flink eine große Zahl von Sohlen her, die dann mit kunstvoll geflochtenem Gras den gestohlenen Kühen an die Hufe gebunden werden. Schlechthinnige Spurentilgung aber ist, obwohl sein offenbares Ideal, selbst Hermes unerreichbar. Wer Spuren tilgen will – das wissen nicht nur Antonionis Film *Blow up* und viele Geschichten von der zähen Überlebenskunst der Graffiti, die Säuberungskommandos übertünchen wollen, das weiß auch schon der Schutzpatron der Hermeneuten –, wer Spuren tilgen will, muß sie ins Unlesbare vergrößern. So findet auch die »spurabwendende« Kunst (ἴχνι ἀποστρέψας, v. 76) des Hermes ihre eigentliche Pointe in der Hinterlassung einer grotesk überdimensionalen und in die präzis falsche Richtung verweisenden Fehlspur:

Denn nicht vergaß des listigen Kniffs er:
macht' entgegengesetzt die vorderen Hufe zu hintern,
aber die hintern zu vordern, die Köpfe gekehrt, wo er selbst ging.

Anderntags ist die Herde spurenreich und doch spurenlos verschwunden. Den einzigen Zeugen seines bemerkenswerten Tuns, einen greisen Weinbauern, hat Hermes überdies mit Versprechen und Drohungen (welch letztere in einigen Textüberlieferungen gar tödlich erfüllt werden: Hermes verwandelt den einzigen Zeugen ins Inbild aller Sprachlosigkeit, in einen Stein) eingeschüchtert.[3] Solch hermeneutisch-hermetischer Verkehrung aller Verhältnisse ist Apoll, der sich schnell auf die Spurensuche begibt, kaum gewachsen. Stellt sich Hermes doch, noch bevor er zum Gott der trügerischen Verständigung ernannt wird, als systematischer Spurentilger dar. Indem er aber derart Spuren tilgt (und gar Zeugen petrifiziert), schafft er allererst den hermeneutischen Bedarf des Verstehens, den er dann befriedigen zu können sich anheischig macht.

Daß solche hermeneutische Kunst nie und nimmer die sachlich schöne Klarheit der Spurensicherung erreicht, muß Apoll als erster großartig Geschädigter einer solchen Hermeneutik alsbald erfahren. Sein kleiner Halbbruder ist ein Virtuose der Verwirrung, der Vieldeutigkeit und der Verstellung, aber auch der Besänftigung derer, die allen Grund haben, ihn, den kriminellen Spurenverwischer, zu bekämpfen. Das bezeugt der weitere Gang der bemerkenswerten Handlung. Der Fernhintreffer Apoll irrt lange ratlos suchend umher, bis er endlich vom greisen Weinbauern rätselhafte Auskunft erhält und so auf die noch rätselhaftere Spur verwiesen wird. Apoll aber vermag sie letztendlich doch zu dechiffrieren, und so gelangt er zur Grotte, in der Mutter und Sohn wieder symbiotisch vereint sind. Denn Hermes hat sich erneut in ein Kleinkind verwandelt, das hartnäckig »mit Künsten und pfiffigen Redekniffen« (τέχνησίν τε καὶ αἱμυλίοισι λόχοισιν, v. 317) auf Apolls spurensichernde Indizienvorwürfe antwortet. Der aber hat – und wer wollte es ihm verdenken? – in dieser Situation wenig Sinn für die rhetorische Kunst des Halbbruders und faßt deshalb, da selbst »sprechend die Wahrheit, den rühmlichen Hermes nicht ungerecht wegen der Rinder«.

Dessen kunstvolles Leugnen aber setzt sich auch dann fort, als Apoll den kleinen Halbbruder vor den Thron des gemeinsamen Göttervaters Zeus schleppt, der freilich zu Apolls Entsetzen wie Hermes selbst diesseits von Gut und Böse handelt und deutlich mit seinem Jüngsten sympathisiert. Aber handfeste und lückenlose Indizienbeweise setzen selbst dieser Sympathie mit dem »Fopper« eine Grenze, mit dem »Fopper, wie sonst ich geseh'n noch keinen der Götter, keinen der Menschen, so viel' auch sind Beuteschinder auf Erden« (v. 338 sq.). Ein bedenklicher Superlativ, mit dem der Hymnos denjenigen auszeichnet, an den er gerichtet ist. Die Lust des Hermes an Lügerei und Betrügerei geht auf keine Kuhhaut[4], welche Feststellung allerdings selbst den, der sie ausspricht, nicht davon abhält, sich mit Hermes auf einen regelrechten Kuhhandel einzulassen.

Kaum sind beide zum Streitobjekt gelangt, kaum hat Apoll entsetzt festgestellt, daß Hermes zwei seiner prächtigen Kühe bereits geschlachtet und zum ersten Fleischopfer in der griechischen Mythengeschichte dargebracht hat, kaum hat er den betrügerischen Bruder, um weitere Schädigungen zu verhindern, gefesselt, da läßt auch er selbst sich vom nicht einmal besonders diskreten Charme des Hermeneuten umstricken. Dieser nämlich zaubert sich von seinen Fesseln los und greift zu der Cither, deren Klangkörper aus der unter schönen Reden getöteten Schildkröte und deren Saiten aus den Därmen der geschlachteten Kühe geformt wurden. Diese tödliche Vorgeschichte des neu erfundenen Instruments steht seinem Schönklang aber nicht im Wege:

D'rauf leichtlich wusst' er den Fernschütz,
Leto's, der preislichen, Sohn, zu besänftigen, wie der es wünschte,
war er auch noch so stark. Und im Arm zur Linken die Cither
prüft' er nun durch mit dem Schlägel im Taktmaass, und sie
                            ertönte
klangvoll unter der Hand ihm. Da lachte Phöbos Apollon
freudig, dieweil ihm die Sinne durchdrang der entzückende
                            Tonfall
ihres göttlichen Klanges und süßes Sehnen ihn fasste,
während er lauscht', in der Seele. Doch wonniglich schlagend
                           die Cither
stand er, Maia's Sprosse, getrosten Muthes zur Linken
Phöbos Apoll's; und alsbald dann fiel, laut rührend die Saiten,
hell mit Gesang er darein – gar lieblich folgt' ihm die Stimme –,
ehrend die ewigen Götter und auch die dunkle Erde.
(vv. 416-427)

Solch ästhetischem Zauber ist kaum einer und am wenigsten der Musengott gewachsen. Er läßt sich betören und schlägt selbst den Kuhhandel vor, mit dem die göttliche Karriere des Hermes beginnt. Er tauscht nämlich, was ihm gehört, gegen das, was aus dem gemacht wurde, was auch ihm bzw. keinem gehört: die gesamte Kuhherde gegen die Leier. Mit dieser Verständigung zwischen den ungleichen Gegnern ist der Bann gebrochen und Hermes salonfähig geworden. Gemeinsam musizierend, haben die feindlichen Brüder sich verständigt, was Hermes nicht davon abhält, daraus seinen Vorteil zu ziehen. Der verständige Vermittler merkt nämlich schnell, daß der ungerechte Tausch des Nichtäquivalenten sich beliebig iterieren läßt. Und so stellt er flugs eine wohltönende Pfeife her, die – wie die *Bibliothek des Apollodoros*, das erste große mythologische Handbuch aus dem ersten nachchristlichen Jahrhundert[5], berichtet – Apoll ebenfalls durch Tausch erwerben will. Nichts Geringeres bietet er, der mythologisch-göttliche Hans im Glück, zur Gegengabe an als seinen goldenen, Glück spendenden Hirtenstab und etwas gänzlich Immaterielles obendrein: die Weitergabe seiner Weissagekunst an eben den Hermes, der deutend, lügend, betrügend, Zeugen tötend und Meineide schwörend Aussagen manipuliert wie kein zweiter.

So ist Hermes unversehens schon zum Gott des Tausches und des Diebstahls, des Glücks und der Übervorteilung, der Weissagung und des Betrugs geworden. Hederichs *Gründliches mythologisches Lexikon* von 1770 hat für diese bemerkenswerte Zusammenstellung eine Erklärung parat: »Für den Gott der Diebe wird er gehalten, weil unter diesem und manchem Kaufmanne kein Unterschied sey, und den hundertäugigen Argus hat er umgebracht, weil auch hundert Augen sich vor einem Betrüger nicht genug vorsehen können.«[6] Hermes vereinigt demnach Kompetenzen, die offenbar voraussetzen, daß das eine immer auch das andere seiner selbst sein kann: daß Tausch und Diebstahl, Weissagung und Betrug, Glücksverheißung und sich einstellendes Unglück mehr miteinander gemein haben, als es der Schulweisheit träumt.

Doch damit noch nicht genug. Hermes macht fortan eine Karriere, an deren Ende nichts Geringeres als der Universalitätsanspruch des seltsamen Gottes steht. Der große Spötter Lukian läßt Hermes denn auch in seinen aus dem zweiten nachchristlichen Jahrhundert stammenden *Götterdialogen* über das kaum mehr zu bewältigende Maß seiner Aufgaben klagen: »*Hermes* (zu Maia): Gibt's einen Gott im Himmel, Mutter, dem es elender ging als mir? *Maia*: Oh, sprich nicht so, mein lieber Hermes. *Hermes*: Warum sollte ich nicht so sprechen, wo ich doch so überlastet bin mit meinen zahllosen unterschiedlichen Aufgaben.«[7] Und nun folgt deren kokett-larmoyante Aufzählung – mitsamt der durchaus modernen Klage, daß solche Aufgabenfülle kaum mehr Raum und Zeit ließe fürs Privatleben und fürs Liebesleben zumal.

Hermes wird so zum ersten streßgeplagten Gott und – zum Gott der Hermeneuten, die gleichermaßen streßgeplagt sein müssen, sofern sie ihrer bemerkenswerten Kunst Wahrheit und Universalitätsanspruch vindizieren. Hermes ist schlechterdings überfordert. Nicht zuletzt auch deshalb, weil er wie den Universalitätsanspruch der Hermeneutik so auch den hermeneutischen Zirkel erfindet. Dieser aber mutet bislang verteilte Rollen ein und derselben Figur zu. Opfert Hermes doch die geschlachteten Kühe den zwölf olympischen Göttern – wohl wissend, daß es bis dato deren nur elf gab. Was nichts anderes heißt als dies: er, das opfernde Kleinkind, bringt das Opfer auch sich selbst, dem ebendadurch zum zwölften Gott Avancierten. Ein in der Tat vitioser oder diviner Akt unmöglicher Selbstinitiation.

Wer dies vermag: immer schon dort zu sein, wo er erst hingelangen möchte, immer schon der göttlich Opfer heischenden Sphäre zuzugehören, der man zugleich selbst Opfer darbringt – wer dies vermag, vermag offenbar alles. Hermes avanciert deshalb auch noch zum Gott des Würfelspiels, des Alphabets, des Vertragsschlusses und der Reise. Der Reise zumal, die vom Reich des Lebens in das des Todes führen kann – als Hermes psychopompos geleitet er, der Seelenführer und Seelenverführer, der schon zu Knabeszeiten Mord als schöne Kunst betrachtete, die Gestorbenen in das Schattenreich des Hades.

Ihr Integral aber findet diese Überzahl an Kompetenzen, die selbst ein Gott nur dilettierend innehaben kann, in der hermeneutischen Kunst der Verständigung. Sein schwerverständliches, da systematisch auf Spurentilgung angelegtes und also hermetisches Tun macht ihn zum geborenen Hermeneuten. Nicht umsonst gehen (pseudo-)etymologisch die Begriffe Hermetik und Hermeneutik auf den einen Gott Hermes zurück, der auf den in der Tat bemerkenswerten »Kniff« verfiel, (durch hermetisches Handeln) den Bedarf (an Hermeneutik) allererst zu schaffen, den er dann befriedigt. Gottvater Zeus hat an solch tiefen und ernsten Scherzen jenseits von Gut und Böse und diesseits aller ethisch-moralischen Bedenken sein olympisch lachendes Wohlgefallen. Er macht wenn nicht den Bock zum Gärtner, so doch den Spurentilger zum verständigen Vermittler und den betrügerischen Schmutzgott zum Schutzgott der verständigen Hermeneuten. Die aber brechen seit langem nicht mehr in olympisches Gelächter aus, wenn sie ihre Kunst wortreich betreiben und beschreiben. Trockenen Auges versichern sie vielmehr, ihre Kunst sei seriöser als all die so irritierend neuen und so befremdlich sachlichen – sei's psychoanalytischen, sei's strukturalistischen, sei's diskurstheoretischen – Lektüreweisen, die doch nichts anderes versuchen, als jene Spuren zu sichern, die durch die mörderische Kunst des Hermes verwischt wurden.

2. Antike und frühchristliche Antihermeneutik

Am betrügerischsten und unzuverlässigsten seiner vielen Söhne hat Gottvater Zeus sein olympisches Vergnügen gehabt. Ansonsten aber hält sich die Zahl der frühen Bewunderer des Hermes in engen Grenzen. Das elementare Mißtrauen gegen alle Vermittler, Makler und Diplomaten ist eben keine Innovation der Neuzeit. Es ist vielmehr der von frühesten Zeiten her überlieferte Bodensatz, den selbst die spezifisch neuzeitliche, genauer: gar nur knapp zwei Jahrhunderte alte Hochschätzung der Verständigungskunst nicht ganz besiegen konnte.

Nichts nämlich liegt frühen Formen des Umgangs mit Reden und Texten ferner, als sie ausdrücklich verstehen, interpretieren und auslegen zu wollen. Das zeigt schon ein kurzer Blick auf die Geschichte des Umgangs nicht nur mit poetischen Texten.[1] Der antike Rhapsode legte homerische Texte eben nicht aus, er legte sie, mehr oder weniger präzise memorierend, seinen Hörern vor. Warum auch anders? Texte wie der homerische Hymnos an Hermes sprechen einen in jedem Wortsinne selbstverständlichen Klartext, den – wenn nur kein Interpret dazwischenspricht – als solchen hören kann, wer Ohren hat zu hören. Die interpretierende Stimme des Hermeneuten aber würde, wenn sie denn erklänge, a priori alles verunklaren. Denn sie inter-pretierte gleichfalls in jedem Wortsinne, sie käme und spräche dazwischen und ließe derart dort (mindestens) zwei konkurrierende Texte erstehen, wo zuvor einzig eine ergehende Rede sich fand.

Wer behauptet, sein verstehender Diskurs offenbare den eigentlichen Sinn des verstandenen Diskurses, hält es mit der Wahrheit wie Hermes. Nämlich nicht sehr genau. Hat der Auslegende doch – selbst im harmlosesten aller denkbaren

Fälle: dem tautologischen – eine, eben die ausgelegte, Wahrheit verdoppelt, und d. h., wiederum den verwirrenden Komplexitätsgrad und somit den Bedarf an »Verstehen« allererst gestiftet, den er dann befriedigen zu können vorgibt. Unterhalb der Ebene dessen, was ein solcher Verständigungskünstler vom Geist des eigenen und des fremden Textes glauben macht, bewahrheiten sich hingegen zugleich eine Funktion und erneut ein buchstäblicher Sinn: der des Wortes »Diskurs«. Der verstehende und der (miß)verstandene Text dis-currieren, laufen auseinander.

Solch wundersamer Textvermehrung, die auch noch keck behauptet, im Dienst eines Textes und eines Sinnes zu stehen, wehren frühe Texte zur Hermeneutik ganz entschieden – und sie tun dies um so energischer, als sie notwendig an der Paradoxie teilhaben, die sie benennen, ja bekämpfen. Daß aber antihermeneutische Texte, schlicht dadurch, daß auch sie Texte über Texte sind, an der Inflation von Texten mitarbeiten, diskreditiert ihre funktionale Wahrheit nicht. Denn sie behaupten gerade nicht die Priorität einer Wahrheit über mehrere Methoden, die viele Einsichten freisetzen, sondern arbeiten vielmehr fröhlich an der Subversion des einen Sinns und also an der Vervielfältigung der Sinne und der Wahrheiten.

Dieser subversiven Lust huldigt schon ein kostbarer früher Text Platons. Einer der seltenen Platonischen Texte zudem, die Sokrates in tiefer Irritation und gar als Verlierer zeigen, ein in weiten Teilen antiplatonischer Text, wie schon des Übersetzers Schleiermacher Überschrift zum Schlußparagraphen vermerkt: »Unplatonisches Schlußstück über die Ideen.«[2] *Kratylos* und also nach dem Namen dessen, der erst einmal nicht in Erscheinung tritt, ist der Text betitelt. Hintersinnig darf schon der Beginn und die Anlage dieses Gesprächs heißen, das elementare Möglichkeiten des Sprachverständnisses überhaupt bedenkt. Die aufsehenerregende These des Kratylos, danach »jegliches Ding seine von Natur ihm zukommende richtige Benennung« habe[3], wird nämlich nicht von ihm selbst, sondern von seinem hermeneutischen Antipoden und Vermittler mit dem schönen sprechenden Namen Hermogenes vertreten.

Seltsame Parodoxien: Derjenige, der eine Konventionstheorie der Sprache vertritt, trägt einen mimetischen Namen. Und Kratylos, dessen heiter-offenbare These vom mimetischen Charakter der Benennungen die tiefere Vermutung verschließt, die da lautet, Sprechen sei Sprechen und »Rede (in dem Sinn) eine Handlung«[4], daß kein weiterer, in Sprechhandlungen etwa nur unzulänglich repräsentierter Sinn hinter solchem Sprechen sich verberge – Kratylos muß es sich gefallen lassen, daß seine große und um ihrer Schlichtheit willen erratische Einsicht durch Hermogenes hermeneutisch re-präsentiert und dadurch verstellt bzw. bis zur Verständlichkeit entstellt wird.

Wobei sich eine seltsame Hintersinnigkeit einstellt. Kratylos, der doch ernsthaft, wenngleich heiter eine mimetische Theorie der Sprache vertritt, bestreitet (und bestätigt doch auch) seine eigene These in einem Ausnahmefall: Sein Kontrahent Hermogenes heiße zu Unrecht, wie er heiße, sofern sein Name auf Kunstfertigkeiten des Hermes zurückgehe. Denn dieser Gott sei »erfinderisch im Reden«, Hermogenes aber wolle doch bloß den Sinn, der in Reden sich verschließe, durch Rekonstruktion von Sprachkonventionen erschließen.

SOKRATES: Aber nun laß uns, bei den Göttern! von den Göttern aufhören, denn es ängstigt mich, von ihnen zu reden. (...)

HERMOGENES: Das will ich tun. Nur um einen frage ich dich noch vorher, nämlich den »Hermes«, weil doch Kratylos leugnet, daß ich ein Hermogenes sei. Versuchen wir also von dem Hermes auch auszufinden, was sein Name bedeutet, damit wir auch sehen, ob wohl dieser irgend recht hat.

SOKRATES: Auf alle Weise muß doch »Hermes« etwas von der Rede bedeuten, denn daß er Dolmetscher ist und Bote, auch hinterlistig und betrügerisch in Reden und auf dem Markte Verkehr treibt, dieses ganze Geschäft beruht doch auf der Kraft der Rede. Wie wir nun auch schon vorher sagten, *eirein* ist der

Gebrauch der Rede, und, was beim Homeros so oft vorkommt, *emesato* bedeutet erfinden. Aus diesen beiden zusammen, befiehlt uns also der Namengeber gleichsam, den, welcher das Reden und die Rede erfunden hat, diesen Gott, ihr Leute, müßtet ihr doch billig *Eiremes* nennen. Nun aber, wie mir scheint, putzen wir den Namen aus und nennen ihn »Hermes«.

HERMOGENES: So mag, beim Zeus, Kratylos wohl ganz recht gehabt haben, daß ich kein Hermogenes bin; denn keineswegs bin ich erfinderisch im Reden.[5]

Ein geradezu klassisches Selbstmißverständnis. Denn nichts anderes will Kratylos demonstrieren als dieses: daß der Hermeneut hochgradig, ja überwertig »erfinderisch im Reden« ist und eben nicht bloß reproduktiv jene eigentlich gemeinten Sinnebenen ermittelt, die im Prozeß ihrer Repräsentation verdarben. Kratylos sympathisiert seinerseits unverhohlen mit dem Gott, der der »Kraft der Rede« vertraut, die eine Handlung ist. Und er mißtraut gründlich derjenigen Rede, die sich zu solchen Reden verhält wie Hermogenes zu Hermes: nämlich vermeintlich verständnisinnig-reproduktiv. Nichts ist in diesem Zusammenhang problematischer als ein solches mimetisches Selbst(miß)-verständnis. Denn die Rede ist eine Rede. Hinter ihr hermeneutisch einen Sinn und eine Bedeutung ermitteln zu wollen, die mehr wären als ebendiese oder eine andere Rede, heißt jene Verwirrung stiften, die auflösen zu wollen die fixe Idee des Hermogenes ist, der dadurch nur neue Verwirrungen stiftet. Solche halbwillentlichen Verwirrungen und die dazu komplementären Entwirrungsversuche wird man dann später die Unendlichkeit der hermeneutischen Aufgabe nennen. So ist es auch kein Zufall, daß Kratylos seine ursprüngliche und um ihrer Eindeutigkeit willen esoterische Einsicht wiederum am Paradigma der Namen Hermes und Hermogenes entwickelt:

SOKRATES: Also sind alle Worte und Benennungen gleich richtig?
KRATYLOS: Was jedenfalls wirklich Benennungen (und also nicht etwa hermeneutische Inter-pretationen, J. H.) sind.

SOKRATES: Wie also, was auch schon erwähnt ist, wollen wir sagen, unser Hermogenes hier führe diesen Namen gar nicht, wenn ihm nämlich gar nichts irgendwie von einer Abstammung vom Hermes zukommt, oder er führe ihn zwar, jedoch nicht mit Recht?
KRATYLOS: Er führe ihn auch gar nicht einmal, dünkt mich, Sokrates, sondern er scheine ihn nur zu führen, der Name gehöre aber einem andern zu, der auch eine solche Natur hat.
SOKRATES: Lügt auch etwa nicht einmal derjenige, welcher sagt, er heiße Hermogenes? Daß nur nicht am Ende auch das nicht möglich ist, zu sagen, er sei Hermogenes, wenn er es nicht ist?
KRATYLOS: Wie meinst du das?
SOKRATES: Ob dies etwa, daß man überhaupt nicht Falsches sagen könne, ob dies der Gehalt deines Satzes ist? Denn gar manche behaupten dies, lieber Kratylos, jetzt und auch sonst schon.
KRATYLOS: Wie sollte denn auch, Sokrates, wenn einer doch das sagt, was er sagt, er nicht etwas sagen, was ist? Oder heißt das nicht eben Falsches reden, sagen, was nicht ist?
SOKRATES: Dieser Satz ist für mich und für mein Alter zu hoch. Doch sage mir nun dieses, hältst du etwa zwar das nicht für möglich, Falsches sagen, wohl aber sprechen?
KRATYLOS: Nein, dünkt mich, auch nicht sprechen.[6]

Falsches (Pseudos), Pseudologisches könne weder im Sagen (λέγειν) noch im urteilenden Aussprechen (φαίνω) manifest werden, einfach deshalb, weil Sagen und Sprechen sich im Reiche von Wahrheit und Lüge im außermoralischen Sinne aufhalten. Seltsame Paradoxien auch hier, Paradoxien überdies, die von übergroßer Klarheit kaum mehr zu unterscheiden sind. In aller Eindeutigkeit nämlich käme die These des Kratylos daher, der zufolge Sprechhandlungen Sprechhandlungen sind und ein Aussagender aussagt, was er aussagt, wenn diese These nicht aus dem hermeneutischen Munde eines anderen erginge. Sokrates jedoch hat sich interpretierend der ursprünglichen Einsicht des Kratylos angenommen. Und Kratylos ist seinerseits in die Rolle des Sokrates geschlüpft, wenn er dessen Standardfrage stellt: »Wie meinst du das?«

Ebendiese ständige sokratische Frage »τί ἐστιν« – was ist das, was du meinst, wenn du sagst, daß... – aber hatte es historisch zu verantworten, daß sich Bedeutung und Funktion des Diskurses im Zeitalter der Heraufkunft des Logos, der dann der klassische heißen wird, fundamental verschoben: nämlich »vom Sprechakt, der er ist, zum propositionalen Gehalt, den er hat«.[7] Diese Verschiebung ist die Möglichkeitsbedingung von Interpretation. Vor der Frage nach der Deutung seiner Bedeutung verblaßt die schiere Positivität ergehender Reden und Texte. Die Karriere des Sokratismus ist eins mit der von Interpretation.

Und sie ist, wenn nicht eins, so doch gleichzeitig und in begründeter Analogie mit einer weiteren konsequenzenreichen Verdoppelung und Verschiebung: mit derjenigen nämlich, die durch die Entwicklung des geldvermittelten Äquivalententausches seit 600 v. Chr. in Ionien einsetzte.[8] Wie der Tauschakt seitdem am Tauschwert, der sich in Geld muß darstellen lassen, und nicht am Gebrauchswert des Getauschten sich orientiert, so orientiert sich der Austausch von Worten an dem allgemeinen Äquivalent, das die Interpretation ihm unterstellt: an Sinn oder Bedeutung und jedenfalls nicht an der Faktizität von Reden und Texten.

So exotisch heute die Forderung nach Abschaffung des Geldes klingt, so befremdlich muten nach dem opferreichen Siegeszug des Hermes und des Sokrates Theorien an, die daran erinnern, daß die Frage nach der Bedeutung des propositionalen Gehaltes eines Diskurses nicht selbstverständlich ist. In seinem kleinen Text *Sokrates* hat der junge Walter Benjamin dem nachsokratisch vergessenen Selbstverständlichen zum Ausdruck zu helfen versucht: »Die sokratische ist nicht die heilige Frage, die auf Antwort wartet und deren Resonanz erneut in der Antwort wieder auflebt, sie hat nicht wie die reine erotische oder wissenschaftliche Frage den Methodos der Antwort inne, sondern gewaltsam, ja frech, ein bloßes Mittel zur Erzwingung der Rede verstellt sie sich, ironisiert sie – denn allzugenau weiß sie schon die Antwort. Die sokratische Frage bedrängt die Antwort von außen, sie stellt sie wie die Hunde einen edlen Hirsch. Die sokratische Frage ist nicht zart und so sehr schöpferisch als empfangend, nicht geniushaft. Sie ist gleich der sokratischen Ironie, die in ihr steckt – man gestatte ein furchtbares Bild für eine furchtbare Sache – eine Erektion des Wissens. Durch Haß und Begierde verfolgt er das Eidos und sucht es objektiv zu machen, weil die Schau ihm versagt ist.«[9]

Eine vielfach hintergründige Wendung: vor dem, der Reden auf eine »Erektion des Wissens« verpflichtet, versagt die Schau des Eidos. Sie versagt, und sie versagt sich in jedem Wortsinn. Dies aber setzt voraus, daß das Wesentliche eigentlich spricht und dann nur schweigt, wenn es durch Inter-pretationen zum Schweigen gebracht worden ist. Was auch heißt, daß Wesentliches den, der sinnvoll geständige Rede erzwingt, nicht mehr anschaut. Hermeneutische Interpretationen vervielfältigen Reden um den Preis, daß Wesentliches schweigt, weil es durch erzwungene Deutung seiner Bedeutung zum Schweigen gebracht wurde.

Der Mordlust des Hermes und dem Haß des Sokrates war aber nicht sofort universaler Erfolg beschieden. Ihnen wehrt in grandioser Sachlichkeit keine geringere als die erste große Theorie, die das Wort Hermeneutik im Titel führt – der Aristotelische Traktat *Peri hermeneias*. Ihm liegt ganz offenbar daran, dem sich abzeichnenden Imperialismus des Titelwortes entgegenzutreten. *Peri hermeneias* – diese Titelformulierung wäre nämlich mit Wendungen wie *über die Auslegung, über das Verstehen, über die Interpretation* einfach falsch übersetzt. Denn thematisch sind im Aristotelischen Traktat einzig Probleme, wie auch Kratylos sie bedacht hat – Probleme des Sagens und Sprechens. Sie so deutlich in Erscheinung treten zu lassen, daß jedes verwirrende Bedürfnis nach hermeneutischer Interpretation schier schädlich scheint, ist der Wille des Traktats.

Er begreift demgemäß hermeneia/interpretatio nicht etwa als das Unternehmen einer konzeptionell geleiteten und intentional bewußten Deutung der Bedeutung eines Textes, sondern schlicht als »phoné semantiké«, als »vox significativa«, als bedeutenden Laut.[10] Dieser semantische Laut kann zusammen mit anderen zum logos konfigurieren, er kann Sätze und Texte hervorbringen, die hermeneia, die als solche bereits interpretatio sind und ihrer also nicht erst bedürfen. Aristoteles hat unter dem Titel »Hermeneutik« eine Funktionsanalyse bedeutender Laute und keine Abhandlung zur Theorie der Interpretation geschrieben. Heißt hermeneia, bevor Hermeneuten sich dieses Wortes deutend annehmen, doch auch nichts anderes als Kundgabe. Kundgaben aber sind vor Interpreten und vielen Übermittlern zu schützen – uraltes Wissen der Kinder, die »stille Post« spielen und dabei ihrer subversiven Lust am Unfug des hermeneutischen Geschäfts frönen.

3. Auslegen gehört Gott zu

Texte ergehen, fungieren und funktionieren – auch und gerade, wenn sie nicht eigens interpretiert werden. Darüber sind sich so unterschiedliche antike Denker wie der befremdliche Kratylos und der erzvernünftige Aristoteles einig. Doch nicht nur die antike, auch die jüdische Tradition läßt dem interpretatorischen Geschäft wenig Raum und Renommee. Deutend den Geist alttestamentarischer Texte erfassen zu wollen wäre dem frommen Juden und dem gesetzeshörigen Rabbiner zumal nie eingefallen. Hält er sich doch strikt an den Buchstaben des mosaischen Gesetzes und seiner kanonischen Fortschreibungen, um die Gerechtigkeit zu erlangen, die in hermeneutisch verständigen Interpretationen nur verwirkt werden könnte.

Der gesetzestreue Pharisäer aber ist a priori unglücklich. Er, der weder deuten darf noch will, er, der sich schon gar nicht anheischig machen möchte, Gott zu »verstehen«, sieht sich dennoch zu interpretieren genötigt. Gibt es doch mehr Sein und mehr Daseinsprobleme, als zehn versprachlichte Gebote – und mögen sie noch so gottnah sein – einzufangen vermögen. So entsteht der *Talmud* und also das kasuistisch interpretierende Werk, das keines sein will. Es appliziert eine Geschichte und genauer die der zehn mosaischen Gesetze auf die unendlich vielen Geschichten, die das Dasein ausmachen. Derart entsteht eine bis dahin unbekannte Textfülle, die gleichwohl von sich behauptet, einzig Deklination und Konjugation eines Grundschemas zu sein. So erfüllt sich auch hier die Grundparadoxie dienender Interpretationen – eine Paradoxie, die sich nicht umsonst vorzüglich im Umkreis monotheistischen Denkens und Glaubens findet.

»Denn die Erfüllung möglichst aller dieser Gesetze, die mit jeder Rabbinergeneration zahlreicher wurden und die doch nur Interpretationen des mosaischen Gesetzes sein wollten, heißt die *Gerechtigkeit* erlangen, die Gott von den Menschen fordert. Ob die Einzelgesetze oder ihr Sinn dabei verstanden werden, ist unwichtig. Sie müssen erfüllt werden, weil Gott Gehorsam um jeden Preis verlangt und das Gesetz mit dem Willen Gottes identisch ist.«[1] Gottes Wille aber kann – das demonstriert nicht nur das Buch Hiob eindringlich – reichlich undurchsichtig sein. Doch selbst dann, wenn Interpretation zum beherrschenden lebensweltlichen Bedürfnis wird, ist scheue Zurückhaltung geboten. Wenn der Talmud und wenn seine Leser, Hörer und Fortschreiber sich angesichts der Fülle des Seins wider Willen zu Interpretationen genötigt sehen, so wissen sie doch immerhin, daß sie keinen Grund haben sich einzubilden, »verstanden« zu haben.

Solch fromme Scheu charakterisiert noch den alttestamentarischen Genius der Auslegungskunst: Joseph. Als ihm, dem von Potiphars Hof Vertriebenen und Gefangenen, seine hochgestellten Mitgefangenen ihre Träume erzählen, ist er zu deren Auslegung nur unter einem großartigen Vorbehalt bereit: »VND es treumet jnen beiden/dem Schencken vnd Becker des königs zu Egypten/in einer nacht/einem jglichen ein eigen Traum/vnd eines jglichen Traum hatte seine bedeutung. Da nu des morgens Joseph zu jnen hinein kam/vnd sahe/das sie traurig waren/Fraget er sie/vnd sprach/Warumb seid jr heute so traurig? Sie antworten/Es hat vns getreumet/vnd haben niemand/der es vns auslege. Joseph sprach/Auslegen gehöret Gott zu/doch erzelet mirs.«[2]

Merk-würdig ist vieles an dieser kleinen Szene, an dieser Urszene einer scheuen Hermeneutik, die noch gescheit genug ist, keine Universalitätsansprüche zu stellen – gehören diese doch Gott zu. »Es hat vns getreumet« bzw. »mir hat getreumet« und nicht etwa »wir haben dies oder jenes geträumt«, so berichten die hohen Gefangenen, die damit deutungslos sachlich an dem Geschehen bleiben, das gleichermaßen apersonal statthatte: »es treumet jnen beiden« und nicht etwa: »sie träumten«. Diese Vorliebe fürs subjektferne Neutrum ist ganz offenbar keine zufällige Stilfigur und auch keine forcierte Übersetzung Luthers. Trägt diese neutrale Wendung doch konsequent die gesamte Szene bis hin zu Josephs einleitender Deutungsformel, die dezent darauf aufmerksam macht, daß seine Rede allein deshalb so angemessen ist, weil sie keine inter-pretierende ist: »Joseph sprach zu jm (dem obersten Schenken, der soeben seinen Traum vom blühenden Weinstock vorgetragen hat)/das ist seine deutung« und also nicht: »das ist meine Deutung deines Traumes«. Das also ist die Deutung, die der Traum und nicht etwa der Träumende oder gar der Interpretierende hat; das also ist die (Be-)Deutung, die der Traum wohl weniger hat als eben ist. Solche Deutung darf dann in der Tat »gut« heißen.

»Das die deutung gut war« (v. 16), dankt sie allein dem Umstand, daß sie kaum eine war. Joseph ist auffallend daran gelegen, interpretatorische Enthaltsamkeit zu üben. Dem liegt die Scheu vor der interpretatorischen Gewaltsamkeit zugrunde, die statthätte, wenn der Mensch göttliche Kompetenzen usurpierte: »Auslegen gehöret Gott zu«. Solche Bescheidenheit findet in der Erfüllung dessen, was sie sich in jedem Wortsinn versagt, ihr Supplement. »Was er (Joseph) thet, da gab der HERR glück zu durch jn«[3], heißt es zu Beginn und dann gleich noch einmal am Schluß des Kapitels, das dem Traumdeutungskapitel vorausgeht. Felix Joseph – der Herr läßt die Deutung um so angemessener, um so glücklicher erscheinen, je mehr sie darauf verzichtet, interpretatio zu sein: »erzelet mirs«.

Die Merk-würdigkeit dieses interpretatorischen Vorbehalts ist Thomas Manns episch breiter Paraphrase der doch so lakonisch kurzen alttestamentarischen Szene nicht entgangen. Daß Joseph seinem deutlichen Vorbehalt zum Trotz gleichwohl das Geschäft der Interpretation betreibt, bedarf offenbar der Rechtfertigung. Sie erfolgt gleich doppelt und doch einsinnig. Thomas Manns Joseph bezeichnet sich nämlich erstens mehrfach als »Gottesträumer« und macht somit anmaßend bescheiden sowie die Ambivalenz von genitivus subjectivus und genitivus objectivus nutzend darauf aufmerksam, daß durch ihn ein anderer auslegend spricht. Und er verweist zweitens darauf, daß die Differenz von Traum und Deutung, von Ausgelegtem und Auslegung tiefenstruktural gesehen kaum haltbar ist.

Es ist demnach nicht nur diplomatische Courtoisie, die den, der von Gott und durch den Gott träumt, zum gottesherrscherlichen Pharao sagen läßt: »Dein Knecht vermag nichts anderes, als ihm vorauszusagen, was er schon weiß.«[4] Welche Identitätsvermutung eine gedoppelte ist: Wer da was weiß, läßt das schlichte Personalpronomen »er« – der Träumende oder der Deuter; Pharao oder Joseph? – elegant ebenso offen wie die Bestimmung der differentia specifica von Deutung und Gedeutetem. Es ist eben nicht »zweierlei, zu *träumen* und *Träume* zu *deuten*«.[5] Daß die rechte Interpretation fast und dennoch kaum – und im eigentümlichen Raum dieser geringfügig scheinenden Differenz von »fast« und »kaum« hat das Geschäft der Interpretation allein seinen Ort, seinen topos noetos – überflüssig und in jedem Wortsinne überflüssig ist, daß also die rechte Interpretation fast/kaum über-flüssig ist, weil sie nur verdoppelt, was die Textur einer Rede, eines Traumes oder einer Dichtung immer schon in eins verwoben hat, bezeugt auch die Deutungstheorie in nuce, die Joseph noch vor der epochalen Begegnung mit Pharao seinen Mitgefangenen vorgelegt hat: »Wer da träumt, der deutet auch, und wer da deuten will, der muß geträumt haben. (...) Ich will euch das Geheimnis der Träumerei verraten: die Deutung ist früher als der Traum, und wir träumen schon aus der Deutung.«[6]

Sublimer läßt sich nicht beschreiben, was an »Interpretationen« abgründig ist. Wenn übrigens dieser Begriff in Thomas Manns Roman konsequent zugunsten von »Deutung« und »Auslegung« (zur Begriffsgeschichte cf. Kap. 9) gemieden wird, so schlicht deshalb, weil Josephs Deutungen ja gerade die Einheit eines bedeutenden Textes wiederherstellen, den Inter-pretationen sprengen. Thomas Mann läßt seinen alttestamentarischen Helden geradezu peinlich darauf bedacht sein, nicht eigentlich zu interpretieren. Ist die Interpretation doch der Frevel, den schon ihr Buchstabensinn verrät: Inter-pretationen sprengen die schöne unbefragte Einheit eines Textes; sie bringen auseinander, was recht nur wirkt, wenn es beisammenbleibt; und sie entfremden einen Schreib- oder Sprechakt dem Kontext, dem er angehört. Zu rechtfertigen sind interpretierende Zwischenreden deshalb einzig, wenn sie Zwischenreden dazwischenreden; wenn sie als unmittelbare, aber überhörte Implikation oder Präsupposition eines buchstäblich unerhörten Textes selbst erscheinen; wenn man zeigen kann, daß aus der abgetriebenen Deutung gesprochen, geträumt oder geschrieben wurde und der rechte Adressat davon nichts vernommen hat. Adressat der rechten, der guten Deutung ist dann aber nicht etwa der auszulegende Text oder gar sein Autor, sondern der, der ihn nicht lesen oder hören will, obwohl er Augen hat zu sehen und Ohren hat zu hören. Joseph deutet noch und doch, allen Vorbehalten zum Trotz, um Widerstände gegen Texte und nicht etwa, um diese Texte selbst inter-pretierend zu zerstreuen.

Das ist um so bemerkenswerter, als der *Joseph*-Roman ja durchweg das hermeneutische »Mittlertum zwischen Himmel und Erde«[7] und die Figur des »Mittlers«[8] überhaupt hochschätzt. Wie es denn bekanntermaßen in Thomas Manns Romanen und besonders in den Geschichten von Joseph und von Felix Krull an Hermes-Allegorien nicht eben mangelt.[9] Allegorien aber verrätseln einen Klartext, der sich in der Regel als solcher entschlüsseln läßt. Und hermeneutischer Klar-, ja: Urtext ist es denn auch, der just dann gesprochen wird, als der Deuter Joseph vor Pharao steht. Kein anderer als der, dessen Träume Joseph dann eben derart deutet, daß er behaupten darf, sie nicht interpretiert zu haben, spricht diesen allegorischen Klartext, der seinerseits nichts anderes als die (oben ausgebreitete) Lebensgeschichte von Hermes und seiner »Verschmitztheit« selbst ist. Eingeleitet wird die Szene, da Hermes selbst zu Wort kommt, durch ein allegorisches Requisit – durch den Schildkrötenpanzer, den Hermes in eine Laute verwandelte.

»Diesem weisen Tier«, so beginnt Pharao, der, wie die anwesende und ständig dazwischenredende Königsmutter zu Recht vermerkt, selbst erzählt, statt sich, seinem Souveränitätsstatus entsprechend, erzählen zu lassen, »diesem weisen Tier begegnete das durchtriebene Gott-Kind, das in einer Höhle der Felsen geboren war, und es fiel seinem Witze zum Opfer. Denn es raubte keck den Hohlschild und spannte Saiten darüber, und auch ein Paar Hörner, wie du siehst, befestigte es daran: da gab es die Leier.«[10] Folgt die bekannte und von Hermeneuten doch gern dem Vergessen überantwortete Hermes-Geschichte, dargestellt in Thomas Mannscher Ausführlichkeit und – in einer Perspektive, die keinen Zweifel daran erstehen läßt, warum der Text in Joseph Hermes feiert: eben der Qualitäten halber, die Felix Krull dann noch deutlicher auszeichnen. Joseph-Hermes ist ein »durchtriebener« Betrüger, ein »Schalk«, ein »Dieb«, jemand, der durch bezaubernde Unseriosität alles zu seinen Gunsten zu wenden weiß. Eine hintersinnige Szene. Doch noch vielfach abgründiger, pikanter und heikler ist die Szene, in der Felix Krull Hermes-Attribute in deutungsunbedürftiger Klarheit zugesprochen werden. Der glückliche Hoteldiener hat die schöne und reiche Diane Philibert bestohlen, in die er und die in ihn sich alsbald verliebt. Der ebenso gebildeten wie dekadenten Dame entgeht während der liebevollen Begegnung nicht, daß Felix Krull über »Hermesbeine«[11] verfügt, und dies gibt ihr Anlaß zu der Frage: »Weißt du, wer Hermes ist?« Derjenige, der es ist, weiß es eben nicht: »›Ich muß gestehen, im Augenblick –‹/ ›Céleste! Diane Philibert macht Liebe mit einem, der von

Hermes nie gehört hat! Wie das den Geist köstlich erniedrigt. Ich will dir sagen, süßer Tropf, wer Hermes ist. Er ist der geschmeidige Gott der Diebe.‹« Eine hübsche Sottise angesichts der Hermeneutik, die sich nach Hermes benannte und sich selbst hoch anrechnet, selbstreflexiv und eben nicht in szientistischen Selbstmißverständnissen befangen zu sein. »Hermes! Er weiß nicht, wer das ist, und ist es selbst! Hermès! Hermès!«

Der Bewunderung für den göttlichen Knaben tut dies aber keinen Abbruch. Nur läßt der Roman Thomas Manns keinen Zweifel daran, welche Voraussetzungen ein solcher Hermes-Kult hat. Diane Philibert will betrogen, bestohlen und gedemütigt sein – »Wenn du mich schlügest? Derb schlügest, meine ich?«, so wendet sie sich an die Hermesfigur Felix Krull, die allerdings klug genug ist, solch masochistischen Wünschen mit ihrer Versagung zu entsprechen, den zweiten Vorschlag, »eine wunderbare Idee«, aber recht direkt akzeptiert: »Du sollst bei mir stehlen. Hier unter meinen Augen.« Solche Passagen dürfen allegorischer Klartext genannt werden: Wer Hermes und seine Kunst liebt, muß masochistisch sein und will betrogen werden – oder will selbst werden wie der seltsame Gott: verschlagen, listig und vom Willen zur (nicht nur semantischen) Macht getrieben. Kein Wunder, daß ein seriöser Wissenschaftler wie Professor Kuckuck, dem Felix Krull später begegnet, deutlich auf Distanz geht, als das Gespräch, diesmal durch den Adepten selbst, auf Hermes gelenkt wird. Was nicht ausschließt, daß auch er von Hermes betrogen wird, der die Wahrheit wie ein leicht verführbares Weib behandelt.

4. Der eine Geist und die vielen Buchstaben

Hermes mag zu vielem taugen und der Gott der vielen Identitäten sein – eines aber ist er gewiß nicht: ein ernster Gott und ein Gott des Ernstes. Vielmehr ist er der Schutzpatron fröhlich unseriöser Antiwissenschaft am polytheistischen Götterhimmel. Aufgehoben wurde die Ägide des Hermes deshalb auch erst durch den Gott, der allen Ernstes und ohne je zu lachen von sich behauptete, Sohn des Einzigen zu sein. Der entsprungene, in jeder Weise deterritorialisierte Pfarrerssohn Nietzsche hat diesen ungeheuren Übergang mit all dem Grimm desjenigen beschrieben, der weiß, welche Zwänge vielfältige Lebenslust durch Einheitsprinzipien erleidet:

Mit den alten Göttern ging es ja lange schon zu Ende; – und wahrlich, ein gutes fröhliches Götter-Ende hatten sie!/Sie »dämmerten« sich nicht zu Tode – das lügt man wohl! Vielmehr: sie haben sich selber einmal zu Tode – *gelacht*!/Das geschah, als das gottloseste Wort von einem Gotte selber ausging – das Wort: »Es ist *ein* Gott! Du sollst keinen andern Gott haben neben mir!« –/ein alter Grimm-Bart von Gott, ein eifersüchtiger, vergaß sich also: –/Und alle Götter lachten damals und wackelten auf ihren Stühlen und riefen: »Ist das nicht eben Göttlichkeit, daß es Götter, aber keinen Gott gibt?«/Wer Ohren hat, der höre.[1]

Der alttestamentarische Monotheismus bedeutet, zumal in seiner christlichen Radikalisierung und Verbreitung, das Ende des Hermes. Der Götterbote wird überflüssig genau in dem Augenblick, da ein einziger Gott allein ist. Der Siegeszug des Monotheismus ist eins mit dem Ende der fröhlichen Sinnespluralität, die die subversive Hermeneutik des Hermes freisetzte – oder wäre eins mit diesem Ende, wenn die Figur Christi nicht doch allzu viele Merkmale des Hermes in sich aufhöbe. Nicht umsonst klingen Passagen der Kindheitsgeschichte Christi, wie Lukas sie verzeichnet hat, als wären sie aus dem homerischen Hymnos an Hermes abgeschrieben. Die Geburt in der Höhle bzw. im Stall, die große Mutterliebe, die früh erfahrenen Huldigungen, das schnelle Wachstum und die frühe Reife, die Wunderkindcharakteristik – all dies und noch vieles mehr ist Hermes und Christus gemeinsam.

Doch Christus ist kein Götter-, sondern allenfalls ein Gottesbote, der Künder des einen Gottes, mit dem er in jedem Sinne einig ist. Und Christus ist unvergleichlich seriöser als das verschmitzte Betrügerkind. Er kündet eine frohe Botschaft, die allem Volk widerfahren soll, doch keine fröhliche Wissenschaft. Was nicht ausschließt, daß er, der Ernste, mit seiner Travestie, dem olympischen Bruder, mehr gemein hat, als seinen Jüngern lieb sein kann. Ist Christus nicht der passionierte Interpret schlechthin? Der Flaneur, Geschichtenerzähler und Universaldeuter, der alles mit allem in Beziehung zu setzen versteht? Und unterstreicht nicht gerade seine Sterbeszene den Kontrast zwischen einer strikt antihermeneutischen Ordnung des Diskurses, die den Vervielfältigungen der Reden zu wehren versucht, und der Inflationierung ursprünglicher Reden durch ihre Deutungen?

Die Schilderungen des Sterbens Christi – und die aus der Feder des Logostheologen Johannes zumal – sind Musterstücke aus der Geschichte des (Miß-)Verstehens. Die Hohenpriester übereignen Christus, von dem offenbleibt, ob er alles schlechthin neu deutet oder aber nur eine alte Schrift erfüllt, dem römischen Beamten Pilatus, weil er behauptet, König der Juden zu sein. Pilatus überprüft, juristisch korrekt, den Sinn dieser selbstinterpretatorischen Wendung und muß von dem, der solcher Anmaßung beschuldigt wird, die Antwort erfahren: »Mein Reich ist nicht von dieser Welt. (...) Da sprach Pilatus zu jm/So bistu dennoch ein König? Jhesus antwortet/Du sagsts/Jch bin ein König. Jch bin dazu geboren/vnd in die Welt komen/das ich die Warheit zeugen sol. Wer aus der warheit ist/der höret meine stimme. Spricht Pilatus zu jm/Was ist Warheit.«[2]

Letztere Grundsatzfrage ernsthaft klären und gar die (nicht nur in Luthers Übersetzung) tiefsinnige Vieldeutigkeit der Wendung »Wahrheit zeugen« erhellen zu wollen liegt dem erfahrenen beamteten Politiker fern. Er konstatiert statt dessen die materiale Positivität und nicht etwa den Sinn oder die Wahrheit von Reden. Und er tut dies mit einer Konsequenz, die grell den Kontrast aufleuchten läßt zwischen einer Diskursordnung, die ergangene Reden und Schriften schlicht registriert und verwaltet, und einer, die der Wut des Verstehens anheimgefallen ist. So wird aus der interpretatorisch gänzlich unbefragten und deshalb einfach korrekt übernommenen Selbstdeutung des Betroffenen über Christi Kreuz ein Spruch geschrieben, wie er – diesseits aller Hermeneutik – präziser nicht sein könnte: eben jenes *INRI*, eben jene Folge von vier Buchstaben, die der gesetzestreue Pilatus in das christliche Kreuz einschreiben ließ: »PJlatus aber schreib eine Vberschrifft/vnd setzte sie auff das Creutze/vnd war geschrieben/JHESUS VON NAZARETH DER JÜDEN KÖNIG. Diese Vberschrifft lasen viel Jüden/denn die stete war nahe bey der Stad/das Jhesus gecreutziget ist. Vnd es war geschrieben auff Ebreisch/Griechisch/vnd Latinische sprach. Da sprachen die Hohenpriester der Jüden zu Pilato/Schreib nicht der Jüden König/Sondern das er gesaget habe/Jch bin der Jüden König. Pilatus antwortet/Was ich geschrieben hab/das hab ich geschrieben.«[3]

Dieser lakonische, ja tautologische Spruch ὅ γέγραφα, γέγραφα ist der Grenzwert jeder Interpretation. Spielt er doch die schiere Positivität und Materialität ergangener Rede und stattgehabter Schrift-Ereignisse gegen alle Versuche aus, diese Buchstäblichkeit im Namen eines tieferen Sinnes oder Geistes zu hintergehen. Und er tut dies – welthistorische Ironie – gerade angesichts der Figur, die dem Geschäft der Interpretation zu einer einsamen Konjunktur verholfen hat: angesichts des passionierten Interpreten Christus. Nicht umsonst steht der Tod dessen, der von sich behauptet und von dem andere behaupten, daß er behaupte, der Juden (irdischer und/oder himmlischer) König zu sein, im Zeichen der Vieldeutigkeiten, die Interpreten nicht lösen, sondern schaffen. Wie denn auch sein hermeneutisches Selbstverständnis die Grundparadoxie des interpretatorischen Geschäfts erfüllt: »JR solt nicht wehnen/das ich komen bin/das Gesetz oder die Propheten auffzulösen/Jch bin nicht komen auffzulösen/sondern zu erfüllen.«[4] So spricht kein anderer als der, der dann, Altes deutend, zum Stifter einer neuen Religion wird.

Aufschlußreich ist Christi Selbstcharakterisierung auch deshalb, weil sie noch eng an die alttestamentarische Hochschätzung des festen Buchstabens anknüpft, der gegen interpretatorische Erosionen gefeit sein soll. Heißt es doch im unmittelbar folgenden Vers: »Denn ich sage euch warlich/ Bis das Himel vnd Erde zurgehe/wird nicht zurgehen der kleinste Buchstab/noch ein Tütel vom Gesetze/bis das es alles geschehe.« So entschieden zugunsten fester Buchstaben spricht aber ausgerechnet derjenige Interpret, der alte Buchstaben durch seine Interpretationen gänzlich neu konfiguriert und – der nicht verhindern kann, daß seine Interpretationen ihrerseits interpretiert werden.[5] Mit dem Effekt, daß sich alsbald (und jedenfalls noch lange bevor Himmel und Erde zugrunde gegangen sind) eine radikale Umwertung des Verhältnisses von Buchstabe und Geist vollzogen hat – eine interpretatorische Umwertung freilich, die erfolgreich vorgibt, die eigentliche Intention, eben den Geist des gedeuteten christlichen Textes erst recht freizulegen. Die Rede ist von Paulus[6] und seinen Briefen – somit von Großereignissen in der Geschichte des Verstehens, das das vermeintlich Verstandene entschieden überformt, des imperialen Verstehens, der Wut des Verstehens.

In wirkungsmächtiger und ungeheurer Entfaltung von Schriftmetaphorik schreibt Paulus im zweiten Brief an die Korinther jenes Schema fest, das bis heute das hermeneutische Selbstverständnis bestimmt: »Jr seid vnser Brieff in vnser Hertz geschrieben/der erkand vnd gelesen wird von allen Menschen/die jr offenbar worden seid/das jr ein brieff Christi seid/durchs Predigtampt zubereitet/vnd durch vns geschrieben/Nicht mit tinten/sondern mit dem Geist des lebendigen Gottes/Nicht in steinern Taffeln/sondern in fleischern Taffeln des hertzen. Ein solch vertrawen aber haben wir durch Christum zu Gott/Nicht das wir tüchtig sind von vns selber/etwas zu dencken/als von vns selber/Sondern das wir tüchtig sind/ist von Gott/welcher auch vns tüchtig gemacht hat/das Ampt zu führen des newen Testaments/Nicht des Buchstabens/sondern des Geistes. *Denn der buchstaben tödtet/aber der Geist machet lebendig.*«[7]

Auf der Grundlage dieses kapitalen Satzes und seiner gewaltigen Wirkungsgeschichte entfaltet sich eine eigentümliche Dialektik. Sie ermöglicht es, Rede- und Schriftereignisse nach diversen Aspekten zu unterscheiden und also zu vervielfältigen, um sie dann doch auf eine Einheitlichkeit, einen Sinn, eben einen Geist zu verpflichten. Die paulinische Formel vom tötenden Buchstaben und lebendig machenden Geist setzt jene Abwertung der schweren und druckschwarzen Materialität des bloß Äußerlichen, bloß Re-präsentativen, bloß leblos Schriftlichen in Gang, gegen die es das Reine, Innerliche, eben beredt-lebendige Geistige zu retten und zu bewahren gilt. Und sie macht den aus der antiken Rhetorik vertrauten (und von ihr bereits als elegante Liste bewerteten) Gestus der affektierten Bescheidenheit zum grundsätzlichen Habitus des geschäftigen Verstehens[8]: »Nicht ich, der bescheidene Interpret, der ich es kaum wert bin, diese gewaltigen Aussagen auch nur zu wiederholen, nicht ich bin tüchtiger Erfinder neuen Sinns. Nein, ich interpretiere doch nur, treu dienend, was ein großer Anderer sagte. Und ich tue dies nicht in meinem, sondern in seinem Geiste, der es verdient, der eine und einige Geist zu werden.«

Suggestiv ist die paulinische Formel auch deshalb, weil sie souverän praktiziert, was sie beschwört. Setzt Paulus sich doch mit eleganter, bescheidener und gleichwohl gewaltsamer Leichtigkeit über die toten Buchstaben hinweg, die Christi Verständnis des Alten Testaments bezeichnen: »ich bin nicht gekommen aufzulösen – hütet den kleinsten Buchstaben und jeden Tütel des Gesetzes.« Woraus der Interpret, der Christus so innig verstanden zu haben glaubt wie kein zweiter, im Namen des christlichen Geistes buchstäblich nichts anderes als das schiere Gegenteil macht. Verstehen ist eine subtile Form des Willens zur Macht, wie Nietzsche und Goethe, beide nicht umsonst entschiedene Kritiker paulinischer Theologie und Hermeneutik, wußten. Hermeneuten haben sich denn auch an dem Klartext subtil gerächt, den Nietzsche und Goethe über die Wut des Verstehens sprachen – sie haben beider Werke hermeneutisch interpretiert. Und damit wieder einmal buchstäblich die Schrift erfüllt, die über ihr Tun erging:

> Im Auslegen seid frisch und munter!
> Legt ihr's nicht aus, so legt was unter.[9]

Geradezu methodisch legitimiert wurde diese von Goethe so knapp wie präzise beschriebene Praxis auslegender Sinn-Unterlegung durch Augustins Lehre vom vierfachen Schriftsinn.[10] Sie ist deutlich dem paulinischen Schema vom tötenden/toten Buchstaben und belebenden/lebendigen Geist verpflichtet, das sie noch subtilisiert. Danach ist es, wie Augustin bezeichnenderweise in seiner Schrift über die allein verbindliche *doctrina christina* ausführt, bei jeder Auslegung geboten, vier Sinne bzw. Sinndimensionen der Schrift zu unterscheiden. Ein anderer Augustin, der mit dem großen nicht bloß die Buchstaben seines Namens, sondern auch den Geist gemeinsam haben möchte, Augustin von Dakien, hat diese Lehre zu einem knappen Merksatz zusammengefaßt:

> Littera gesta docet, quid credas allegoria,
> Moralis quid agas, quo tendas anagogia.

Der buchstäbliche, der Litteralsinn lehrt demnach die gesta, die historischen Tatsachen; der allegorische Schriftsinn gibt an, was man geistig zu glauben und zu beglaubigen habe; der moralische Sinn verweist auf das gebotene rechte Handeln; und die anagogische, die heilsgeschichtliche Bedeutungsebene beschwört die erlöste Wirklichkeit am Ende der irdischen Tage, in deren Licht allein die schwarzen Buchstaben einer Schrift ihren Sinn eigentlich preisgeben. So vier/l-sinnig das Deutungsschema auch scheint – seine eigentliche Aufgabe ruht doch darin, auf die Einheitlichkeit eines monotheistisch verbürgten Sinns, auf ein »transzendentales Signifikat«[11] zu verweisen, das alle dispersen Einzelsinne mit einem Pneuma, mit einem Geist, speist. Erforderlich wird eine solche Praxis der Sinndifferenzierung bei um so hartnäckigerer Behauptung eines grundlegenden Einheitssinnes, eines Geistes, wenn monotheistische Ansprüche alte rhizomatische Lust am Vielfachen bändigen wollen.[12]

»Allegorie entsteht aus dem theologischen Bedürfnis, in religiöser Überlieferung – so ursprünglich im Homer – das Anstößige zu eliminieren und gültige Wahrheiten dahinter zu erkennen.«[13] Die christliche Allegorese vermochte es, noch aus lasziven und ihren eigenen Annahmen schlicht heterogenen Geschichten deutend Bestätigungen ihrer Vorurteile zu machen. Daß Zeus sich in einen Stier verwandelt, um Europa zu ent- und seiner Lust zuzuführen – ist das nicht ein herrliches Sinnbild dafür, daß Gott sich den Menschen und den abendländischen zumal liebevoll zuwendet? Interpretationen vermögen Erstaunliches – man muß nur dran glauben. Und man muß vergessen können, was da schwarz auf weiß, buchstäblich eben, geschrieben steht.

Ein beeindruckendes Beispiel für die Überformung disperser Sinnlichkeit und vieler disseminativer Sinne durch einen vermeintlich integralen Sinn stellt auch die Überlieferungsgeschichte des elfenbeinernen Turmes dar.[14] Diese

Wendung nahm ihren Ursprung aus eindeutigen und sinnlichsten Kontexten – aus der erotischen Dichtung, die das Hohelied Salomos ist, und somit aus der »schönsten Sammlung von Liebesliedern, die Gott je geschaffen hat«[15], wie der Übersetzer Goethe schrieb.

Nicht alle aber haben diese Liebeslieder so gelesen, einfach gelesen, wie der Antihermeneut Goethe. Und in der Tat besteht Anlaß zur Verweigerung von Lektüre oder aber dazu, aus- = unterzulegen, nämlich erotischen Klartext interpretatorisch zu entschärfen, zumal wenn er in einer kanonischen Schrift wie der Heiligen zu lesen steht. »*SJHE MEINE FREUNDIN/DU BIST SCHÖN/SIHE/* schön bistu«, so besingt Salomo seine Geliebte Sulamith. Und er tut dies, ohne theologische Kontexte oder gar Gott selbst auch nur entfernt zu erwähnen. »Deine Augen sind wie taubenaugen/zwisschen deinen Zöpffen. (...) Deine Lippen sind wie eine rosinfarbe schnur/vnd deine Rede lieblich. Deine Wangen sind wie der ritz am Granatapffel/zwisschen deinen zöpffen. Dein Hals ist wie der thurm Dauid.«[16] Diesem Lobpreis ihres schönen und liebevollen Körpers weiß die kluge Sulamith einen ebensolchen des Geliebten entgegenzuhalten – ein beeindruckendes Beispiel für dyadischen Narzißmus, der im anderen auch immer sich selbst feiert. »Sein Leib«, so besingt die Geliebte den liebend-geliebten Freund, »ist wie rein Elphenbein mit Saphiren geschmückt. Seine Beine sind wie Marmelseulen/gegründet auff gülden füssen. Seine gestalt ist wie Libanon/ausserwelt wie Cedern. Seine Kele ist süsse vnd gantz lieblich/Ein solcher ist mein Freund/mein Freund ist ein solcher/jr töchter Jerusalem.«[17]

Beide erotischen Lobpreisungen – die des turmgleichen schönen Frauenhalses und die des elfenbeinernen Männerleibes – werden nun im männlichen Frauenlob zusammengeführt. »*WIE SCHÖN IST DEIN GANG IN DEN SCHUHEN*/du Fürsten tochter. Deine Lenden stehen gleich an einander/wie zwo Spangen/die des Meisters hand gemacht hat. Dein Nabel ist wie ein runder Becher/dem nimer getrenck mangelt. Dein Bauch ist wie ein Weitzenhauffe vmbsteckt mit Rosen. Deine zwo Brüste sind/wie zwey junge Rehe zwillinge. Dein Hals ist wie ein Elfenbeinen thurm. Deine Augen...«[18] Und so arbeitet sich die lustvolle Beschreibung weiter nach oben, um beim Haar des schönen Hauptes zu enden und in der Feier der »Liebe in wollüsten« zu gipfeln.

Ein Text von solch schöner und klarer Eindeutigkeit und Selbstverständlichkeit schreit nicht eben danach, interpretiert zu werden. Und zieht doch die frommen/subversiven Interpreten in erstaunlichem Maße an. Fromm dürfen sie heißen, weil sie den Skandal, daß erotische Dichtung in die Heilige Schrift geschmuggelt wurde, vergessen machen wollen. Subversiv ist ihr Tun aus demselben Grund: es ignoriert souverän einen biblischen Text und setzt schlicht einen anderen an seine Stelle. Auslegen = unterlegen: eine Gleichung, die sich auch dann bewährt, wenn sich demütige Exegeten dieses Textes annehmen. Dies tut bereits besorgt Bischof Hippolytus, der im dritten Jahrhundert die begehrte und begehrende Schöne als Allegorie der Kirche versteht und dabei auch dem Hals, der da schön ist wie ein Elfenbeinturm, seinen interpretatorischen Platz anweist: »Dein (scil. der Kirche) Hals ist wie ein Turm aus Elfenbein, denn deine Haltung zeigt Mut und edle Gesinnung. Du läßt den Kopf nicht hängen, sondern richtest die Augen gen Himmel.«[19]

Eine Deutung von so subversiver Eleganz, daß sie auch Philo, dem Bischof von Carpasia auf Zypern, einleuchtet. Er spinnt den Faden der Deutung weiter, der den Text umhüllt (oder erwürgt), wenn er in seinem Hohelied-Kommentar schreibt: »Meiner Meinung nach bezieht sich der Hals der Braut sehr treffend auf den Stand der Diakone, da doch Christus das Haupt unserer Kirche ist. (...) Insbesondere sind die Diakone dem elfenbeinernen Hals darin vergleichbar, daß sie die Reinheit des Gewissens mit der unerschütterlichen Festigkeit unseres Glaubens verbinden.«[20] Die unerschütterliche Festigkeit des Glaubens ist bei keinem Geringeren als Beda venerabilis so groß, daß er noch die einschränkende Wendung »meiner Meinung nach« wegfallen läßt, wenn er den interpretatorischen Faden seinerseits aufnimmt und über den schönen Frauenhals folgende gelehrte Männerrede ergehen läßt: »Wenn wir uns einmal deutlich machen, daß unsere Stimme und unsere Sprache durch unsern Hals aufsteigen, und wie die Nahrung, die unseren Körper kräftigt, auf demselben Wege in uns hineingelangt, so sind wir berechtigt zu sagen: Der Hals ist der Sitz der *doctores*. Denn schließlich sind es die *doctores*, die durch ihr Wort den Gesamtleib der Kirche aufrichten und mit der Speise des Lebens stärken. Der Hals ist also deshalb aus Elfenbein, weil die *doctores* eine Zier sind in der Stadt Gottes, in der sie sowohl durch ihre Stärke als auch durch ihre Haltung hervorragen.«[21]

Nun endlich ist der Text im Geiste christlichen Glaubens verstanden und von allen guten Geistern und festen Buchstaben verlassen. Aus dem Lob, das ein verliebter Mann einem schönen Frauenhals spendet, hat die Kunst der Interpretation, die ein Zölibatärer bewundernswert übt, die Wohnstätte gelehrter Mönche gemacht. Dafür mag man auch die Peinlichkeit in Kauf nehmen, daß aus der Lobrede auf eine schöne Frau unverhohlenes Eigenlob ausgerechnet der *doctores* geworden ist. Die Karriere der Wendung vom Elfenbeinturm und seinen Bewohnern kann beginnen; und sie kann um so erfolgreicher sein, je gründlicher ihr Ursprung vergessen ward. Diese Arbeit des Vergessens und der Verdrängung aber leistet die Wut des Verstehens und die Kunst der Interpretation. Ein Spätzeitlicher in der vollends gedeuteten Welt mag dann Gründe haben, gerne Bewohner des Elfenbeinturmes zu sein:[22] haben Interpretationen doch das Leben, die Liebe und die Welt bis zur Unerreichbarkeit umgarnt.

Ich mag nicht werden, habe Angst zu sein,
Verschanze mich im Turm aus Elfenbein
Und zahl für mein Entrée in diese Welt
Die Raten ab in barem Fersengeld.[23]

Weniger elegant als spätzeitliche Dichter hat der neuzeitliche Reformator die elfenbeinernen Interpretationsübungen, die des vierfachen Schriftsinns zumal, bekämpft – in Lutherischer Deutlichkeit als »lauter dreck«: »Weil ich jung war, da war ich gelerrt, vnd sonderlich, ehe ich in die theologia kam, da gieng ich mit allegoriis, tropologis, analogiis vmb und machte lauter kunst; wens jtzt einer hatte, er hilts vor eitel heiltumb. Ich weiß, das ein lauter dreck ist, den nuhn hab ichs faren lassen, vnd diß ist mein letzte vnd beste kunst: Tradere scripturam simplici sensu, denn literalis sensus, der thuts, da ist leben, trost, krafft, lehr vnd kunst inen. Das ander ist narren werck, wie wol es hoch gleist.«[24] Lesen lernen, was da – sensus literalis – schwarz auf weiß geschrieben steht; lesen lernen, verdrängungs- und also interpretationsfern einfach lesen – noch in diesem Leben: das tut's. Was da in der Bibel, bei Goethe, Kleist, Hölderlin und anderen zu lesen steht, bedarf der Zerstreuung durch den vielfachen Schriftsinn, der dann alles zu einem Geiste bündeln will, nicht. Es ist schon so von einer Kraft der Irritation, von einer buchstäblichen Ex-zentrik, die einem das Sehen, Hören und Lesen vergehen lassen kann, die die Wut des Verstehens verbindlich machen will.

5. Hermeneutik-Kritik in Goethes bestem Buch

Im Jahre 1900 – also nahezu gleichzeitig mit Freuds *Traumdeutung* – erschien ein Aufsatz von Wilhelm Dilthey, der den Titel *Die Entstehung der Hermeneutik* trug. Bis heute ist er für das Selbstverständnis der hermeneutischen Geschäftigkeit ausschlaggebend geblieben. Sein »historischer Informationswert« wird, wie Peter Szondi anmerkte, »gern überschätzt«[1]; seine grundlegende These aber ist so unangemessen nicht. Danach nahm die Hermeneutik einen »gesetzmäßigen Gang«[2], der ihr den Weg wies von materialen, buchstabenfixierten zu philosophisch-geistigen Verfahrensweisen. »Aus dem Bedürfnis tiefen und allgemeingültigen Verstehens (entstand) philologische Virtuosität, hieraus Regelgebung, Ordnung der Regeln unter ein Ziel, welches durch die Lage der Wissenschaft in einer gegebenen Zeit näher bestimmt wurde, bis dann schließlich in der Analyse des Verstehens der sichere Ausgangspunkt für die Regelgebung gefunden wurde.«[3]

Eine präzise Beschreibung: Nachdem die frühen – oben geschilderten – Vorbehalte gegen das Interpretationsgeschäft erst einmal überwunden waren, verloren Positionen, die noch an den vereinzelten und vielen Buchstaben sich abarbeiteten, zunehmend an Gewicht. Auf trat die Ägide des imperialen Geistes, den Dilthey dann ja auch durchgängig mit »monotheistischen« Attributen versieht: »allgemein gültig« soll das tiefe Verstehen sein; und »philologische Virtuosität«, die z. B. aus schönen Frauenhälsen die elfenbeinernen Türme männlicher Unterlegungs-Gelehrsamkeit macht, ist gerechtfertigt, sofern sie nur »einem« Ziel dient. Die vielen Buchstaben dienen dem einen Geist; und die Hermeneutik avanciert zum Kultus solcher Monokultur.

Ihr Prophet und Täufer trägt einen eigenartigen Namen: Schleiermacher. In ihm sieht Dilthey den Begründer der eigentlichen, der romantischen, der philosophischen, der eben nicht mehr materialen-buchstabenfixierten Hermeneutik. Und als Überwinder all derer, die – wie etwa Chladenius, Rambach, G. Fr. Meier in der Mitte des 18. Jahrhunderts und noch die Schleiermacher-Zeitgenossen Ast und Wolf – Verstehen und Auslegen als spezifische Methoden der philologischen Erhellung »dunkler Punkte« konzipierten[4], wird Schleiermacher bis heute geschätzt und geehrt. Dabei aber wird ein eigentümlicher Umstand mit gleichermaßen eigentümlicher Hartnäckigkeit übersehen – so wie Hermeneuten sich auch kaum je über die abgründige Geschichte ihres göttlichen Namensgebers äußern: der Umstand nämlich, daß der junge, der frühromantische Schleiermacher der geharnischste Kritiker dessen ist, was er selbst »die Wut des Verstehens« nannte. Des Verstehens, dessen Apologie er dann immer wieder vortrug und schrieb; des Verstehens, das Philologie, die Liebe zum Buchstaben, in Philosophie, die Liebe zum Geist, überführte; des Verstehens, das Methoden hinter sich läßt, um sich einer Wahrheit zu übereignen.

Der Vater der neueren, der philosophischen Hermeneutik: Schleiermacher, ist ein übergelaufener Rebell, der seine beste Einsicht verriet. Die ihm später nachredeten und nachschrieben und auch seine Zeitgenossen haben das nach Kräften verkannt, vergessen und verdrängt. Mit einer bemerkenswerten Ausnahme. Kein Geringerer als Goethe hat den abenteuerlichen und doch in biederstem Gewand sich vollziehenden und von/m Schleiermacher ratifizierten Übergang von Philologie in Philosophie, von den vielen Sinnen und Wahrheiten zu dem einen Sinn und der einen Wahrheit, von den pluralen Buchstaben zu dem monokulturellen Geist vermerkt und einer gleichermaßen schroffen wie esoterischen Kritik unterzogen.

In Goethes bestem Buch finden viele Ereignisse statt, die

schier unverständlich sind. Eine Figur aus den *Wahlverwandtschaften* aber glaubt, sie nicht nur selbst zu verstehen, sondern auch anderen verständlich machen zu können. So verständnisinnig erscheint überdies die einzige Figur, die einen verständlichen, die gar einen selbstverständlichen, nämlich sprechenden Namen trägt: Mittler. Sehr schmeichelhaft sind allerdings die Attribute nicht, die ihm, der – wie der damalige Universitätslehrer Schleiermacher – »früherhin Geistlicher gewesen« (I,2; 255)[5], bei seinem ersten Auftritt zuteil werden. »Der drollige«, »der wunderliche Mann«, »der närrische Gast«, »der seltsame... Geistliche« ist nämlich der »seltsamsten aller Bestimmungen« verpflichtet: Er lebt »mit dem festen Vorsatz oder vielmehr nach alter Gewohnheit und Neigung, in keinem Hause zu verweilen, wo nichts zu schlichten und nichts zu helfen wäre. Diejenigen, die auf Namensbedeutungen abergläubisch sind, behaupten, der Name Mittler habe ihn genötigt, diese seltsamste aller Bestimmungen zu ergreifen.«

Seltsam ist vieles an dieser so unscheinbaren und doch dichten Aussage. Seltsam ist, daß Goethes Text Mittlers »festen Vorsatz« sogleich in einen Handlungszwang umschreibt, der eben nicht aus subjektzentrischem »Vorsatz«, sondern »vielmehr nach alter Gewohnheit und Neigung« ergeht. Seltsam ist auch, daß andere, nämlich Abergläubische, nicht aber der an Gott und gute Vorsätze glaubende Betroffene selbst für die Bedeutung des Namens Mittler und für seine »nötigende« Kraft zumal sensibel sind. Und seltsam ist schließlich, daß der Roman die doch so liebenswert unschuldige »Neigung, zu schlichten und zu helfen«, mit der Entschiedenheit des Superlativs als »seltsamste aller Bestimmungen« charakterisiert.

Seltsam aber ist es vor allem, welch schreckliche Konsequenzen Mittlers verständige Bemühungen um eheliche Eintracht, sittsamen Lebenswandel, gute Erziehung, wechselseitiges Einverständnis und herrschaftsfreie Kommunikation freisetzen. Kein Zweifel nämlich kann daran bestehen, daß Mittler ein gutwilliger Vermittler ist, ein Hermeneut eben. Schon sein erstes Auftreten versieht ihn mit vielen Attributen des Götterboten Hermes, der der Hermeneutik den Namen gab. Er sprengt in den Schloßhof, schreit das Gesinde zusammen und »verscheucht« die empfindsame Zweisamkeit, die eben noch Eduard und Charlotte in der liebevoll restaurierten Kirche vereinte. Sarkastisch wie die Schilderung dieses uncharmanten Tuns ist das gesamte Arrangement der Szene. Den Eheleuten angekündigt wird nämlich Mittlers Auftritt seinerseits durch einen Vermittler, durch einen »Bedienten«, der »ihnen hastig entgegenstieg und mit lachendem Munde sich schon von unten herauf vernehmen ließ: ›Kommen Euer Gnaden doch ja schnell herüber! Herr Mittler ist in den Schloßhof gesprengt.‹« Mittler selbst bedarf eines Mittlers, eines Mittlers freilich, der bescheiden in der Rolle des Bedienten bleibt, während der Namensträger Mittler die Rolle des hermeneutischen Herrn spielen möchte. Ein Selbstverständnis, dem Mittler zumindest bei seinem ersten Auftritt nicht gerecht zu werden vermag. Denn er hat einfach nichts zu sagen und kommt einzig, um dies zu sagen und sich gleich wieder aufs Pferd zu schwingen.

Glücklicher als sein Auftritt zu Beginn scheint der zu Ende des ersten Buches zu sein. Mittler besucht da den einsam zurückgezogenen und rettungslos Ottilie verfallenen Eduard. Eine Passage, die aus der hermeneutischen Bedeutung des Mittler-Namens kein Rätsel mehr macht: »Hoffte (Eduard) nun aber von Ottilie wieder etwas zu vernehmen, so war ihm Mittler so lieb als ein himmlischer Bote« (I,18; 353). Die Freude an der Gegenwart des verständigen Boten schwindet allerdings sofort. »Verdrießlich daher und verstimmt war Eduard, als er vernahm, Mittler komme nicht von dorther (von Ottilie), sondern aus eigenem Antriebe.« Mittler kommt immer aus eigenem Antriebe, was ihn allerdings nicht hindert, sich als dienstbereiten und selbstlosen Helfer auszugeben; und seine

Gegenwart verschlimmert regelmäßig den Zustand derer, denen er beistehen möchte.

Mittler aber mißversteht nicht nur systematisch die Botschaften anderer, sondern auch sich selbst. Ist er, der ein Horizonte verschmelzender und durch Verständigung belebender Hermeneut sein möchte, doch unfreiwillig und ihm selbst uneinsichtig der Rolle eines Hermes psychopompos verpflichtet, der die Verstorbenen in den Hades geleitet. Mittlers Gegenwart ist buchstäblich tödlich. »Er verursacht den Tod des Geistlichen bei der Taufe des Kindes; er löst durch seine ungeschickte Rede über das sechste Gebot Ottiliens Tod aus, und schließlich findet er als erster Eduard tot.«[6] Das aber heißt nichts anderes, als daß Mittlers Name und seine Reden bedeuten, was er nicht sagen will, und daß Mittler ist, was er nicht sein möchte. Schlechte Voraussetzungen für einen, der an die Kraft des Verstehens glaubt und sie gar personal verkörpern möchte. Diese Diskrepanz bezeugt ebenfalls schon Mittlers erstes Auftreten. Der Bote nämlich findet Eduard und Charlotte nirgend anders als auf dem neugestalteten Friedhof vor. Er aber, der Toten- und Seelen(ver)führer, lehnt es brüsk ab, sich verständig zu ihnen zu gesellen: »›Hier herein‹, rief der Reiter, ›komm ich weder zu Pferde, noch zu Wagen, noch zu Fuße. Diese da ruhen in Frieden, mit ihnen habe ich nichts zu schaffen. Gefallen muß ich mirs lassen, wenn man mich einmal, die Füße voran, hereinschleppt.‹« (I,2; 254)

Mit Toten aber hat Mittler mehr zu schaffen, als seinem hermeneutischen Selbstverständnis, das nach 2. Korinther 3,6 den Geist für belebend und den Buchstaben für tötend hält, lieb sein kann. Mittler versteht sich als der »himmlische Bote«, der er nicht ist, und ist der Todbringer, als den er sich nicht versteht. Kein Wunder, daß Ottilie, die dem Schein universaler Verständigungsmöglichkeit mit ihrem Schweigegebot ausdrücklich kündigt, der eigentliche Antipode des Hermeneuten ist. Sie schreibt unmißverständlichen Klartext, während Mittler, der doch alles und alle im

Geist einer Verständigung vereinen möchte, nur immer neue Verwirrung herbeiredet. Ottiliens Abschiedsbrief ist schon mehr als nur ein zarter Wink für Hermeneuten und Interpreten: »Beruft keine Mittelsperson!... Mein Inneres überlaßt mir selbst!« (II,17; 477) Das kann und will der Hermeneut nicht verstehen: »Mittler hatte sich diese Zeit öfters sehen lassen und war länger geblieben als sonst gewöhnlich. Der hartnäckige Mann wußte nur zu wohl, daß es einen gewissen Moment gibt, wo allein das Eisen zu schmieden ist. Ottiliens Schweigen sowie ihre Weigerung legte er zu seinen Gunsten aus« (II,18; 481) – ein tödlicher Auslegungsfehler und ein grobes Mißverständnis dessen, der nun geradewegs Gefahr läuft, verdächtigt zu werden, nur deshalb so gerne zu »verstehen«, weil er nicht lesen kann oder will: »Beruft keine Mittelsperson!«

Daß aus dem, der gerne ein subtiler Ausleger und Vermittler wäre, vollends ein brachialer Schmied geworden ist, demonstriert sein letzter großer Redeauftritt. Selbst Charlotte, die doch auf seine Versöhnungsleistung gehofft hatte, ist davon überzeugt, »daß Mittler nicht wußte, was und wo er's sagte« (II,18; 483), wenn er in Ottiliens Gegenwart über das sechste Gebot – »Du sollst nicht ehebrechen« – in einer Weise predigt, die allem hermeneutischen Selbstverständnis hohnspricht: »Brach nun einmal unter Freunden seine Rede los, wie wir schon öfter gesehen haben, so rollte sie ohne Rücksicht fort, verletzte oder heilte, nutzte oder schadete, wie es sich gerade fügen mochte« (II,18; 481). Lakonischer könnten die *Wahlverwandtschaften* ihre erstaunlich entschiedene Kritik der hermeneutischen Geschäftigkeit nicht zum Ausdruck bringen. Aus dem, der nach selbstbestimmtem »Vorsatz« zwischen den unterschiedlichen Reden anderer vermitteln zu können glaubte, ist einer geworden, dessen Rede sich gänzlich verselbständigt hat. Die hermeneutische Rede vermittelt nicht kunstvoll, sondern »bricht los«; sie macht nicht lebendig, sondern mortifiziert; sie vereint nicht, sondern trennt; und sie erzielt Effekte, »wie es sich« jenseits aller personalen Intentionen und nicht wie ein schlichtender Redner es fügt.

Keine Frage: Goethes 1809 erschienener Roman ist auch ein antihermeneutisches Manifest. Übrigens steht dieses Manifest so isoliert im Gesamtwerk nicht da. Denn antihermeneutische Klartexte sind auch die wenigen direkten Äußerungen Goethes über das Geschäft des Auslegens, Interpretierens und Verstehens:

> Im Auslegen seid frisch und munter,
> Legt ihr's nicht aus, so legt was unter.

heißt es in den *Zahmen Xenien II*, die auch den hermeneutischen Zentralbegriff »verstehen« nicht eben hochschätzen:

> »Manches können wir nicht verstehn.«
> Lebt nur fort, es wird schon gehn.

Nicht eben auslegungsbedürftig, weil recht unmittelbar eingängig ist auch Goethes Urteil über diejenigen, die mit publizierten Auslegungen und Verstehensvorschlägen ihr Geld verdienen:

> Schlagt ihn tot, den Hund! Es ist ein Rezensent.[7]

Kurzum: die Hermeneutik-Kritik der *Wahlverwandtschaften* steht in Goethes Werk so isoliert nicht da.[8] Doch sie ist im großen Kunstroman ungleich subtiler gestaltet als in den deutlich affektiven Äußerungen. Dafür sprechen schon die vielen Anspielungen auf die damals gerade einsetzende Konjunktur der Hermeneutik. Sie ist vor allem das Werk Schleiermachers, der seit dem Wintersemester 1805/6 – wenn auch anfangs noch unter dem (Mittler gewiß zusagenden) Titel *Ethik* – in Halle und dann in Berlin über Probleme der Hermeneutik las. Er hat es – Goethes großer Kritik zum Trotz – mit einem Erfolg getan, der in irdischen Maßstäben den himmlischen Erfolg des Hermes wiederholt.

6. Schleiermacher über die »Wut des Verstehens«

Goethe hatte nicht eben viel Kontakt mit dem Hermeneuten, der wie Mittler »früherhin Geistlicher« gewesen war. Seine frühe Lektüre von Schleiermachers *Reden* aber ist durch sein Tagebuch eindeutig bezeugt. Unter dem Datum 23. September 1799 steht dort knapp zu lesen: »Über Religion. Reden. Nach Tische mit Schiller spaziren gefahren. Über Tiecks *Zerbin* und die Reden über Religion.« Das Gespräch muß mehr gewesen sein als ein oberflächlicher Meinungsaustausch über Neuerscheinungen. Wird es doch drei Tage später, am 26. September 1799, »Abends bey Schiller« wiederaufgenommen. »Reden über die Religion«. Am nachfolgenden Spätsommermorgen ist Goethe dann erholungsbedürftig und geht »früh spatzieren« (wobei er dieses Wort nun mit ›tz‹ und ›ie‹ schreibt).

Keine Wertung, keine unmittelbare Kritik – die hat Goethe seinem besten Buch anvertraut. Die wenigen späteren direkten Äußerungen aber bekunden eine deutliche Reserve des Dichters gegenüber dem Theoretiker des Verstehens und Interpretierens. In einem Brief, den Goethe kurz vor den ersten Arbeiten an den *Wahlverwandtschaften* an Wilhelm von Humboldt schrieb, erwähnt er einmal »Schleiermachers Züge«, die ihm offenbar vertraut sind und die er in Henrik Steffens' soeben erschienenen *Grundzügen der philosophischen Naturwissenschaft* (Berlin 1806) entdeckt und wiedererkannt habe. Diese Wiedererkennung konnte nicht schwerfallen. Erwähnt doch Steffens in seiner Einleitung selbst, daß er in vielem und gerade hinsichtlich seiner vereinigungsphilosophischen Grundthese Schleiermacher folge. Für Steffens' Buch aber hat Goethe nur Spott und Kritik. Diese Ablehnung gründet nun aber in einem Argument, das erstaunliche Nähe zu den antihermeneutischen Motiven der *Wahlverwandtschaften* wahrt. »Erfreulich ist es auf jenes wünschenswerte Ziel hingewiesen zu werden, daß aller Zwiespalt aufgehoben, das Getrennte nicht mehr als getrennt betrachtet, sondern alles aus Einem entsprungen und in Einem begriffen, gefaßt werden solle. Wenn es nun aber ans Werk geht und diese Forderung soll erfüllt werde; so kommen mir die Herren vor wie die Christen, die um uns ein Leben nach dem Tode zu versichern, das Leben vor dem Tode zum Tode machen.«[1]

Auch Mittler möchte Getrenntes vereinen und jeden Zwiespalt aufheben; doch auch er muß sich den ungeheuren Vorwurf gefallen lassen, dazu beizutragen, »das Leben vor dem Tode zum Tode zu machen«. Nun gehört es zu den eigentümlichen Implikationen von Goethes Kritik der Hermeneutik, daß sie ihre wichtigsten Impulse keinem anderen als Schleiermacher selbst verdankt. Freilich dem vor-, ja anti-hermeneutischen Schleiermacher. In seinen 1799 erschienenen Reden *Über die Religion* nämlich polemisiert Schleiermacher nachhaltig gegen die »Wut des Verstehens«. Und auch er schreibt dabei Klartext:

Mit Schmerzen sehe ich es täglich wie die Wut des Verstehens den Sinn gar nicht aufkommen läßt, und wie Alles sich vereinigt den Menschen an das Endliche und an einen sehr kleinen Punkt desselben zu befestigen damit das Unendliche ihm so weit als möglich aus den Augen gerückt werde. Wer hindert das Gedeihen der Religion? Nicht die Zweifler und Spötter; wenn diese auch gern den Willen mitteilen, keine Religion zu haben, so stören sie doch die Natur nicht, welche sie hervorbringen will; auch nicht die Sittenlosen, wie man meint, ihr Streben und Wirken ist einer ganz andern Kraft entgegengesetzt als dieser; sondern die Verständigen (80, 144).[2]

Das mit allen Affekten ausgestattete Argument ist so simpel wie suggestiv. Wenn Religion nach Schleiermachers berühmten Wendungen »Gefühl und Anschauung des Universums« ist und im »Gefühl schlechthinniger Abhängigkeit« gründet, so leuchtet es ein, daß vermittelndes Verstehen-

Wollen eben an die Stelle von Gefühl, Anschauung und Abhängigkeit vom schlechterdings hermeneutisch uneinholbaren Sein des Sinns tritt. Religiosität und Hermeneutik schließen sich also aus. Denn nur »unverstandne Ahnung« vermag uns »über den Reichtum dieser Welt hinauszutreiben« (81, 145). Prozesse des Verstehens aber immanentisieren notwendigerweise jedes Außen und jedes Heteron. Wer im »Joch des Verstehens und Disputierens« (82, 147) gefangen ist, bleibt jeder Möglichkeit bar, das totaliter aliter, nämlich den göttlich »reichen und kräftigen Überfluß an Sinn« (83, 150) noch irgend zu erfahren. Ihn verstehen zu wollen heißt deshalb nichts anderes, als ihn einer »feindlichen Behandlung« (ibid.) zu unterwerfen. Und auch das Resümee der Überlegungen läßt an Deutlichkeit nichts zu wünschen übrig: »Die Hauptsache aber ist die, daß sie (die Verständigen) Alles verstehen sollen, und mit dem Verstehen werden sie völlig betrogen um ihren Sinn: denn so wie jenes betrieben wird, ist es diesem schlechthin entgegengesetzt.« (82, 148)

Erstaunliche Wendungen dessen, der nur wenige Jahre später zur eigentlichen Gründungsfigur der romantischen Hermeneutik wird. Die Wendungen Schleiermachers verlieren auch dann nichts von ihrer antihermeneutischen Radikalität, wenn man im dort verwendeten Begriff des »Verstehens« die gängige romantische Kritik des Verstandesbegriffes mitliest. Daß Schleiermacher aber keinesfalls »Verstehen« als Synonym für »Verstand« gebraucht, machen schon das differenzierende Vorkommen dieses Kantischen Zentralbegriffs im selben Kontext (87, 156; 89, 160 u. ö.) und vor allem auch der Umstand deutlich, daß ein weiterer klassisch hermeneutischer Begriff einer ähnlich entschiedenen Kritik verfällt wie der des Verstehens.

Es ist kein anderer Begriff als der des Mittlers. Und viele deutend aufzudeckenden geistigen Affinitäten, glücklicherweise aber auch die schwarz auf weiß zu lesenden Tagebuchnotizen Goethes vom 23. und 26. September 1799, die seine gründliche Lektüre der *Reden* bezeugen, sprechen dafür, daß der Mittler der *Wahlverwandtschaften* aus Schleiermachers Reden in Goethes Roman entsprungen ist. Viel von seiner unseligen Identität hat er bei diesem Wechsel von einem Buch ins andere nicht aufgeben müssen. Denn auch Schleiermachers Mittler ist allenfalls ein notwendiges Übel. Das stellt schon gleich der Beginn der Reden fest: »Möchte es doch je geschehen, daß dieses Mittleramt (zwischen dem Reich Gottes und der Welt, J. H.) aufhörte« (7, 12); denn dann würde »das leiseste Wort verstanden, da jetzt die deutlichsten Äußerungen der Mißdeutung nicht entgehen« (7, 13).

Wenn es eines Mittlers überhaupt bedarf, so einzig deshalb, weil die »Entfernung (der Menschheit) vom Universum« (164, 295) eine paradoxe Figur erforderlich zu machen scheint. Paradox bis in die Grammatik ihrer Beschreibung hinein nämlich ist die Mittlerfigur, die Schleiermacher allein für zulässig hält. »Sucht unter allen den heiligen Männern, in denen die Menschheit sich unmittelbarer offenbart, einen auf, der der Mittler sein könnte zwischen Eurer eingeschränkten Denkungsart und den ewigen Grenzen der Welt.« (54, 97 sq.) So problematisch wie der Komparativ zu »unmittelbar« ist das Amt, das ein solcher Mittler wahrzunehmen hätte. Er müßte nämlich nur zu verstehen geben, was da nicht zu verstehen, sondern allenfalls entsagend zu erfahren ist: die Unmittelbarkeit der Unendlichkeit. »Wenn alles Endliche der Vermittlung eines Höheren bedarf um sich nicht immer weiter vom Universum zu entfernen und ins Leere und Nichtige hinausgestreut zu werden, um seine Verbindung mit dem Universum zu unterhalten und zum Bewußtsein derselben zu kommen: so kann ja das Vermittelnde, das doch selbst nicht wiederum der Vermittlung benötigt sein darf, unmöglich bloß endlich sein; es muß Beiden angehören, es muß der göttlichen Natur teilhaftig sein, ebenso und in eben dem Sinne, in welchem es der Endlichen teilhaftig ist.« (168, 302) Eine Bedingung, die offensichtlich nur der Gottessohn erfüllt, der Mensch wurde: er *ist* jene

Unendlichkeit, die er den Endlichen so *vermitteln* möchte, daß jede Vermittlung in unmittelbarer Teilhabe ihre Erfüllung findet und sich also als Vermittlung schlechthin überflüssig macht. Der »Zustand«, in dem man des Mittlers bedarf, soll deshalb allenfalls »ein vorübergehender« (67, 121) sein.

Die Aporien, in die sich diese Konzeption verwickelt, sind unübersehbar. Nach Christi Tod vermag diese Bedingung kein endlicher Mensch mehr zu erfüllen; und sie erfüllen zu wollen heißt überdies zu verkennen, daß das Vorhandensein eines Mittlers eben nicht nur Index, sondern gar auch Grund von Nichterlösung ist. Wer vermittelt, stellt Mittelbarkeit dort her, wo einzig das Gefühl unmittelbarer, eben schlechthinniger Abhängigkeit angemessen wäre. Aus dieser Überlegung resultiert auch die Aporetik, mit der Schleiermachers *Reden* schließen. Christus, der einzige, in dem das »Bewußtsein seines Mittleramtes und seiner Gottheit« (168, 303) zusammenfiel, »hat nie behauptet das einzige Objekt der Anwendung seiner Idee, der einzige Mittler zu sein, und nie hat er seine Schule verwechselt mit einer Religion – er mochte es dulden, daß man seine Mittlerwürde dahingestellt sein ließ, wenn nur der Geist, das Prinzip woraus sich seine Religion in ihm und Anderen entwickelte nicht gelästert ward.« (169, 304)[3]

Damit ist der Begriff gefallen, der den Übergang von der Antihermeneutik der *Reden* zur späteren Hermeneutik Schleiermachers ermöglicht: Geist – jener zum »Prinzip« erhöhte Geist, der lebendig macht, wo der Buchstabe tötet. Imitatio Christi hieße demnach in der gut protestantischen Tradition einer Kritik des privilegierten, da über Gnadenmittel exklusiv verfügenden Priesteramtes, des Mittlers nicht zu bedürfen, da man unmittelbare Methexis am unendlichen Gott erlangt, sofern man nur im versöhnenden Geiste seines Sohnes lebt. Dies aber ist die Einbruchstelle, an der hermeneutische Grundmuster die entschiedene Kritik der *Reden* an der »Wut des Verstehens« und der Umtriebigkeit von Mittlern entschärfen.

Unablässig spielt nämlich schon der frühe Schleiermacher den einen Geist gegen die vielen Buchstaben aus. Polemik gegen den »toten Buchstaben« (9, 16), gegen die »Schulen, die Pflanzstätten des toten Buchstabens« sind (15, 28), gegen die »Buchstabentheologen« (16, 29) und gegen die »Anhänger des toten Buchstabens« (36, 64) überhaupt durchzieht die gesamte Schrift. Und diese in den späteren hermeneutischen Schriften unablässig wiederholte Polemik (die von Fixierungen nicht frei ist: ohne das Prädikat »tot« ist das Wort »Buchstabe« bei Schleiermacher kaum je zu lesen) ergeht paulinisch im Namen des »lebendigen Geistes« (170, 307), der viele seiner Manifestationen zuläßt, wenn er nur als der eine Geist der einen Unendlichkeit beglaubigt wird. Der häufig konstatierte Liberalismus der *Reden* Schleiermachers ist so ambivalent wie der Friedrichs II., der jeden nach seiner Fasson selig werden und räsonieren ließ, sofern er nur gehorchte.

Sofern sich Schleiermachers religiöser Mensch nicht auf die Aleatorik der »toten Hülle des Buchstabens« (170, 307) einläßt, sondern unmittelbar den einen lebendig machenden Geist beglaubigt, mag gar jeder sich selbst eine und seine Geistreligion machen. »Nicht der hat Religion, der an eine heilige Schrift (und also an Buchstaben, J.H.) glaubt, sondern der welcher keiner bedarf, und wohl selbst eine machen könnte.« (68, 122) Novalis hatte schon hintersinnig recht, als er in seiner Schrift *Die Christenheit oder Europa* die Buchstaben des Autorennamens gegen den Geist des Buches stellte, das keines sein wollte und sich *Reden* betitelte: Schleiermacher habe eben einen »Schleier... gemacht. Der Schleier ist für die Jungfrau, was der Geist für den Leib ist, ihr unentbehrliches Organ dessen Falten die Buchstaben ihrer süßen Verkündigung sind.«[4] Einen Schleier, der zu verdecken geeignet ist, was Schleiermacher doch eben erst aufgedeckt hat: wieviel Gewalt von der »Wut des Verstehens«, von freundlichen Mittlern und vom einigenden Geist ausgehen kann. Dieses Motiv hat Jahrzehnte später August Wilhelm Schlegel aufgegriffen, als er über einen *Bedeutsamen Namen* scherzte:

> Der nackten Wahrheit Schleier machen,
> Ist kluger Theologen Amt,
> Und Schleiermacher sind bei so bewandten Sachen
> Die Meister der Dogmatik insgesammt.

Auch Goethe hat mit Schleiermachers Namen gespielt. Allerdings nicht so bewußt wie Novalis und August Wilhelm Schlegel. Aufschlußreich aber ist die Fehlleistung immerhin, die ihm 1816 unterlief. Ein anderer Schleiermacher mit Namen Ernst Christian Friedrich Adam hatte sich Goethe gewogen gezeigt. »Ein durch Knochenaufschwellung merkwürdig monströser Schädel«, so verzeichnen Goethes *Tag- und Jahreshefte*, »kam in Gypsabgüssen von Darmstadt, durch die Gewogenheit des Herrn *Schlichtegroll*«[5], der eigentlich Schleiermacher hieß. So macht Goethes fehlleistender Verschreiber aus dem, der Schleier macht, einen, der Groll schlichtet. Auch das paßt zu Hermes, zur Hermeneutik und zu Mittler.

Vieles spricht dafür, daß Goethe Motive der Schleiermacherschen Kritik am Mittleramt recht unmittelbar in seinen Kunstroman übernommen hat. Sicherlich nicht übernommen aber hat er Schleiermachers Apotheose des Geistes und die darin einbegriffene Verwerfung der Buchstaben. Denn kein zweiter Text der Goethezeit bezeugt die Kraft und Macht von Buchstaben so sehr wie die *Wahlverwandtschaften*.[6] Sie sind unablässig und eindringlich zu demonstrieren bemüht, daß unterhalb der Ebene des Verstehbaren gänzlich unverständliche semiologische Zusammenhänge über das Schicksal von Subjekten entscheiden, die dadurch erst eigentlich ihren Buchstabensinn bewähren: Sub-jekte = Unterworfene zu sein. Daß sie dieses Wissen vergessen macht, indem sie es in Schleier hüllt, begründet den Erfolg der Hermeneutik Schleiermachers.

7. Schleiermachers Hermeneutik oder: Warum die Größten alle dasselbe sagen

Als Kritiker der »Wut des Verstehens« ist Schleiermacher nicht eben sonderlich bekannt. Die gegenwärtigen Fortschreiber der Hermeneutik haben diesen antihermeneutischen Schleiermacher schlicht nicht zur Kenntnis genommen. Des denkbar besten Rufes erfreut sich hingegen bis heute der hermeneutische Schleiermacher, der ab 1805 – zuerst in Halle, dann in Berlin – wiederholt wirkungsmächtige Vorlesungen über Kunst und Methode des Verstehens hielt. Innerhalb kurzer Frist wurde so aus dem schärfsten Kritiker des verständnisinnigen Sinnbetrugs der oberste Apologet des Verstehens: ein Saulus-Paulus der Hermeneutik, ein übergelaufener Rebell, der seine beste Einsicht verrät. Ganz entgangen ist dieser Identitätswechsel Schleiermacher nicht – korrigiert er doch in der zweiten Auflage seiner *Reden* von 1806 die Wendung von der »Wut des Verstehens« in »Wut des Berechnens und Erklärens«.

Unverkennbar ist allerdings bei gleichschwebend aufmerksamer Lektüre, daß schon Schleiermachers *Reden* von 1799 fließende Übergänge zur Einrichtung einer »Kunst des Verstehens« anbieten. Strikt antihermeneutisch sind die Überlegungen zur »Wut des Verstehens«, die alles homogenisiert, den Menschen mit dem totaliter aliter Gottes gewissermaßen anbiedernd auf eine Stufe stellt und so aus dem unverständlichen und ebendeshalb überwältigenden fascinosum et tremendum eine verständliche Vertrautheit macht, die Fremdes in Eigenes assimiliert. Gebrochen hermeneutisch ist die Funktion des »Mittlers«, die Schleiermacher, da sein gottmenschlicher Archetypus Christus nicht mehr sinnfällig lebt, allenfalls als schlechte Imitation und als notwendiges Übel anzuerkennen vermag. Erzhermeneutisch ist hingegen das geradezu exzessiv verwandte paulinische Schema vom toten und tötenden Buchstaben und vom lebendig/en/machenden Geist.

Dieses Schema ist der Keim von Schleiermachers späterer Hermeneutik schon in seinem antihermeneutischen Traktat. Denn auch das paulinische Schema arbeitet an jener Homogenisierung, an jener Vereinheitlichung, an jener Monokulturisierung der vielen Sinnereignisse, die zum roten Faden einer Hermeneutik wird, die einen Schleier über Brüche, Lücken und Vielheiten wirft. Man braucht Schleiermachers Texte nur zu lesen, mit gleichschwebender Aufmerksamkeit zu lesen, ohne sie gleich verstehen zu wollen, um auf diese Spur zu kommen. In einem der wenigen sorgfältig ausformulierten Texte Schleiermachers zur Hermeneutik, in seinem im August und Oktober 1829 gehaltenen Plenar-Vortrag vor der Preußischen Akademie der Wissenschaften mit dem Titel *Über den Begriff der Hermeneutik mit Bezug auf F. A. Wolfs Andeutungen und Asts Lehrbuch*, in diesen – wie Hendrik Birus schreibt und meint – »in der Tat musterhaften Akademiereden«, ist der Hermeneut geradezu von einem Furor der Vereinheitlichung endlos vieler Buchstaben zu einem Geist erfüllt.

Schleiermacher wurde von der Wut des homogenisierenden Verstehens ergriffen. Daran lassen seine Wendungen keinen Zweifel. Gleich zu Beginn seiner Ausführungen rühmt Schleiermacher, daß der Altphilologe Ast[1] der Hermeneutik die »Aufgabe« zuweist, »uns zu jener höchsten Höhe der Einheit des Geistes hinauf(zuführen)« (312)[2], die »das höhere Gemeinsame« zu allen Spezialhermeneutiken darstellt. Wer hermeneutisch das »Fremde... in Eigenes verwandelt« (315) oder wer als »Ausleger sich in die ganze Verfassung des Schriftstellers möglichst hineinversetzt« (318), hat mindestens aus Zweiheiten (wenn nicht aus Vielheiten) eine Einheit gemacht und vergißt nur zu gerne, daß er erst einmal einen zweiten Text neben (meist gar über) den ersten gesprochen oder geschrieben hat. So ist das »Geschäft des Verstehens und Auslegens... ein stetiges, sich allmählich entwickelndes Ganzes ... Es ist das allmähliche Sichselbstfinden des denkenden Geistes« (327 sq.).

Das ist unmißverständlich: Hermeneutisch prozedierend will der denkende Geist nicht das andere und auch nicht das andere seiner selbst, sondern eben sich selbst wiederfinden. Er sucht und findet die eine Identität, die er ist und hat – und noch nicht einmal diese Doppelung von sein und haben vermag den hermeneutischen Singularitätsfuror zu bremsen. Anders als beim Wort »Buchstabe« ist ja auch bezeichnenderweise beim Wort »Geist« die Pluralbildung abgründig. Die vielen Buchstaben rechtfertigen sich und ihre schwarze Materialität deshalb auch allein, sofern sie nur dem einen Geist dienen – sofern sie ihn nur davor bewahren, zu den vielen Geistern überzulaufen.[3] Dies zu verhindern, gibt es eine erstaunlich buchstäbliche und handfeste Maxime, und aus ihr »folgt offenbar, daß auch das Einzelne nur vollkommen verstanden werden kann durch das Ganze« (331). Schleiermacher kann deshalb auch »Herrn Ast nicht unrecht geben, wenn er, um uns eines solchen häufigen Zurückgehens und Zurücksehens (auf einzelne Werk- und Redeteile und deren Buchstäblichkeiten, J. H.) zu überheben, den Rat gibt, wir sollten lieber gleich jedes Verstehen mit einer Ahndung des Ganzen beginnen« (331).

Aus dem Bann dieses Ganzen, in dessen Zeichen der Beginn seines Tuns steht, kommt der Hermeneut nicht mehr heraus. Die Hermeneutik des ganzen Geistes ist buchstäblich totalitär – auch wenn ihr Totalitarismus in freundlichstem Gewande und unter dem Schleier allumfassender Verständigungsbereitschaft daherkommt. Denn auf das ganze Ganze läuft eine »Hermeneutik des Sinnes und des Geistes« (344) allemal hinaus. Das geht so weit, »ein einzelnes Werk« nur als »Bestandteil desselben großen Ganzen« zu betrachten, weil es dann – »sicherer zu behandeln« sei. Das individuelle Allgemeine ist[4], daran läßt Schleiermacher keinen Zweifel, eben ein Allgemeines, das Individuelles und einzelnes »sicherer zu behandeln« antritt, als Lektüren es versprechen, die vereinzelte Buchstaben ernst nehmen. Und sollte es dennoch den Anschein haben, als sei dieses Allgemeine derart allgemein nicht, so tritt »Verstehen« als ein Wille zur Macht an, der keinen Zweifel an seinen Maximen läßt. »Nur soviel ist klar«, schreibt Schleiermacher, Asts Überlegungen zustimmend, ergänzend und auf den Punkt bringend, »soviel ist klar, daß Wort- und Sacherklärungen noch keine Auslegung sind, sondern nur Elemente derselben, und die Hermeneutik erst mit der Bestimmung des Sinnes, allerdings vermittels jener Elemente, beginnt. Und ebenso, daß die Erklärung als Bestimmung des Sinnes nie richtig wird, wenn sie nicht die Prüfung an dem Geist des Schriftstellers sowohl als des Altertums aushält. Denn keiner redet oder schreibt etwas gegen seinen eignen Geist außer in einem gestörten Gemütszustande.« (344)

Buchstaben mögen sich zu seltsamem Durcheinander vermischen. Aber »nachweisen müßte man doch erst, daß der Schriftsteller dem Geiste nach ein Mischling sei« (344). Scharfsinnig folgert Schleiermacher, daß Asts dreifache Hermeneutik – die des Buchstabens, des Sinns und des Geistes – eigentlich nur eine ist, »indem die des Buchstabens keine ist« (344) und der Sinn eines Werkes bloßes Institut des Geistes eines Autors, wenn nicht seiner Epoche ist. Alles kommt für den Interpreten deshalb darauf an, »im Besitz ... nicht nur der Wort- und Sacherklärungen, sondern auch des Geistes des Schriftstellers« zu sein. Auch das ist Klartext: Der Hermeneut ist kein Diener, sondern Herr des Textes, den er »besitzt«, wenn er ihn inter-pretiert. Und wenn der Text gegen eine solche freundlich subversive Besitzumschreibung sich sträuben sollte, muß er für unmündig erklärt werden – »redet oder schreibt doch keiner etwas gegen seinen eigenen Geist außer in einem gestörten Gemütszustande«.

Der Wahnsinn, wenn er epidemisch wird, heißt in der mitteleuropäischen Neuzeit Vernunft. Die Wut des Verstehens, wenn sie universal wird, heißt philosophische Hermeneutik. So entschieden Schleiermachers *Reden* gegen die Hermeneuten, so großartig die esoterischen und hintersinnigen Buchstabenspiele und Motive der *Wahlverwandtschaften* gegen die verständigen Mittler polemisieren, so läppisch ist der Gegenstand ihrer Kritik – und so wirkungsmächtig. Die hermeneutischen Abhandlungen und Vorlesungen Schleiermachers sind sein schlechtestes Werk – und haben doch, nein: deshalb den Geisteswissenschaften des 19. und weitgehend noch des 20. Jahrhunderts das Selbst-(miß)verständnis ihrer Möglichkeiten und Aufgaben souffliert. Mit dem trostlosen Effekt, daß der geistige Vereinheitlichungsfuror der Hermeneutik sich ausgerechnet in jener Theorie der Interpretation zu einer Karikatur steigerte, die versprach, jedes einzelne Werk ernst zu nehmen.

Die werkimmanente Interpretation aber hat ebendies nicht getan: »mit einem Buch ernstlich an(zu)binden«, wie es in einer schönen, wenngleich uneingelösten Wendung Schleiermachers heißt (332). Kein Geringerer – und dem vorliegenden Buch liegt daran, eine allgemeine Theorie in ihren individuell stärksten Repräsentanten und nicht in Nachrednern zu kritisieren –, kein Geringerer als Emil Staiger hat den grauenhaften, aber grundsätzlichen Impulsen der philosophischen Hermeneutik durchaus angemessenen Satz formuliert, danach »die Größten im Grunde alle dasselbe sagen«. »Die Geistesgeschichte ist« – nach Heidegger und seiner (abenteuerlichen Fehl-)Rezeption durch Staiger, schreibt Staiger – »nicht mehr, wie für Schopenhauer, ein Narrenhaus, wo keiner den anderen hören will und keiner das Wort des anderen versteht. Sondern es stellt sich heraus, daß die Größten im Grunde alle dasselbe sagen.«[5]

Leider hat Emil Staiger so unrecht nicht: Sofern die Geistesgeschichte und die Werke der »Größten« hermeneutisch und werkimmanent einer »Kunst der Interpretation« unterworfen werden, sagen sie wie unter der Folter dasselbe. Nämlich das, was der gesunde Menschenverstand und der Hermeneut, der immer schon eine »Ahndung des

Ganzen« hatte, von jeher wußten. Daß der Mensch edel, hilfreich und gut sein solle, diesem Vorsatz aber Sein, Zeit und unberechenbares Geschick häufig genug entgegenstünden, er aber dennoch stets nach Haltung und Form zu suchen und sich strebend zu bemühen habe – das ist dann in der Tat das jeweils Selbe, das »die Größten«, so Staiger sie kunstvoll interpretiert, sagen. Und wenn sie es einmal, wie Hölderlin in »gestörtem Gemütszustande«, Kleist im Erregungszustande oder E. T. A. Hoffmann in alkoholisiertem Zustande, nicht sagen, zählen sie eben nicht zu den »Größten«. Das hat zur eigentümlichen Konsequenz, daß »die Größten« ebendas sagen, was auch die kleineren Geister immer schon wußten: Maß und Mitte ab- und ausschweifend zu verlassen, wie Staiger es im *Zürcher Literaturstreit* den neuesten Autoren vorwarf, ist verwerflich. Solches Durcheinanderreden zerschellt, um den viel- bzw. nichtssagenden Titel eines weiteren germanistisch wirkungsmächtigen Buches zu nennen, am einen *Geist der* (einen) *Goethezeit*.[6]

Am einen Geist der einen Goethezeit aber zerschellen auch die Buchstaben von Goethes Dichtungen selbst. Selten sind sie so hanebüchen umgeschrieben worden wie in hermeneutisch-werkimmanenten Interpretationen[7], die z. B. aus der Geschichte des »armen Hundes« Wilhelm Meister – so Goethe selbst über seinen Protagonisten – die Geschichte einer freien Persönlichkeitsentfaltung machen. Wie problematisch selbst die häufig gefeierten Glanzstücke solcher Interpretationskunst sind, zeigt ein Blick auf Staigers programmatische Deutung des Mörike-Gedichtes *Auf eine Lampe*.[8] In ihm ist an betonter Stelle von dem »nun fast vergeßnen Lustgemach« die Rede, dessen Szenerien die »schöne Lampe« einst beschien. Staigers Interpretation hat dieses Lustgemach nicht fast, sondern völlig vergessen. Und ihr entgeht auch, daß die berühmte Schlußzeile des Gedichtes – »Was aber schön ist, selig scheint es in ihm selbst« – deutlich auf den erotischen Hintersinn eines Verses aus

Faust II anspielt: »Die Schöne bleibt sich selber selig«, sagt dort Chiron über die schönste der antiken Frauen, über Helena. Auch die antike, aus der (von Mörike zum Teil übersetzten) *Anthologia Graeca* überlieferte Tradition, die zahlreiche Distichen auf Lampen kennt, die erotische Szenen erhellen, ignoriert Staiger gänzlich. Nun ist Staiger ein gebildeter Kenner Goethes und der antiken Literatur; besser aber als mit deren Buchstaben – und heißt Philologie nicht auch Liebe zum Buchstaben? – ist er mit dem Geist Goethes und der Antike vertraut. Mit der Konsequenz, daß er die deutliche erotische Motivik des Gedichts geradezu systematisch verkennt. Eine der berühmtesten hermeneutisch inspirierten Interpretationen hat ein großes Gedicht weitgehend unlesbar gemacht.

Es bedarf schon einer so gescheiten, von den Theorien Lacans und Derridas geleiteten, Überinterpretation, wie Manfred Frank sie vorgelegt hat, um der Hermeneutik Schleiermachers wenn nicht aufregende, so doch anregende Aspekte abzugewinnen. Von »Textstrukturierung und -interpretation nach Schleiermacher« – so der Untertitel seiner Studie – ist dabei die doppelsinnige (relative und temporale) Rede.

Sie stellt eindringlich ein Motiv heraus, das dem geistigen Vereinheitlichungsfuror Schleiermachers zu widersprechen scheint. Schleiermacher sei »ein ›genetischer Strukturalist‹ avant la lettre«[9], weil er »die hermeneutische Einsicht in die Singularität des Allgemeinen« vorgetragen habe.[10] Soll heißen: Wer immer spricht, tut dies unter Verwendung überindividueller, transsubjektiver semantisch-syntaktischer und also allgemeiner Regelsysteme. Dieses Allgemeine aber vollzieht sich, wie auch anders, stets individuell. Diese Rede, so sie sich denn überhaupt verständlich machen will, verwendet notwendigerweise allgemeine Regeln und ist doch diese und eben nicht eine andere Rede; dieses Buch reproduziert, wie Schleiermacher sprachliche Regelsysteme verallgemeinernd benennt, die Grammatik des Deutschen und ist doch ein sich von allen anderen, gleichermaßen der deutschen Grammatik folgenden Werken unterscheidendes, also individuelles Buch. Kurzum: »Die Singularität des sprechenden Subjekts (seine Rhetorik, sein, mit Schleiermacher zu sprechen: »Styl«, J. H.) bereichert die manifeste und universelle Bedeutung seiner message durch das einzigartige Wie ihrer individuellen Interpretation und erschüttert so das Fundament jenes ›Semantismus‹, der, indem er die rhetorische Komponente in jeder Redeäußerung mißachtet, das Idol einer von aller Subjektivität entblößten Welt der lauteren Signifikate aufrichtet – Idol, dessen Tod in der ersten radikalen hermeneutischen Besinnung beschlossen ist.«[11]

Wer den Hermeneuten Schleiermacher derart interpretiert, konturiert sicherlich seine allein zu rettende Einsicht: daß Allgemeinheiten sich nur in Ereignissen vollziehen und darstellen. So neu ist diese Einsicht allerdings nicht. Resümiert sie doch den geradezu schulphilosophisch kodifizierten – und dem Theologen Schleiermacher bestens vertrauten – Ausgang des mittelalterlichen Universalienstreites. In ihm ging es gerade um die Frage, ob allgemeingültige Universalien vor oder nach dem Einzelding (ante rem oder post rem) seien; und die gültige, kirchlich institutionell abgesegnete Antwort lautete, Universalia seien in den Sach(verhalt)en: in rebus. Schleiermacher aber nimmt von den metaphysischen und ontotheologischen Abgründigkeiten dieser These wieder einen guten Teil zurück, sofern er das individuelle Ereignis, wie oben belegt, allein dann anerkennt, wenn es mit dem Geist des Allgemeinen und dem allgemeinen Geist koinzidiert – anderenfalls, nämlich im Fall eines buchstäblichen Wider-spruchs, das Individuelle für unmündig zu erklären sei.

Keine Frage: Schleiermachers Theorie des Verstehens prozediert als »singularisierende Hermeneutik«, die »im vielfältigen ›Buchstaben‹ der Schrift den einen einzigen ›Geist‹«[12] ausfindig und verbindlich machen will. Dies und nur dies begründet ihren immensen Erfolg – verspricht die singularisierende Hermeneutik doch noch dort (im alphabetisierten Mitteleuropa) und dann (nach der Französischen Revolution) den großen Überblick, da die Komplexität von Zeichen, Ereignissen und Sachverhalten geradewegs ex- oder implodiert. Schleiermachers Hermeneutik ist ein ebenso gewaltsamer wie wenig ausdifferenzierter Mechanismus der Reduktion von Komplexität – genauer: der Reduktion von abenteuerlich zunehmenden Buchstabensummen im tintenklecksenden Säkulum – auf einen homogenen Geist. Völlig überforderte Sub-jekte können, sofern sie nur verständniswillige Hermeneuten zu sein versprechen, sich einigermaßen erfolgreich einreden, noch Subjekte und nicht etwa nur Elemente einer symbolischen Ordnung zu sein. Schleiermachers Hermeneutik macht dem Phantasma gutes Gewissen, der Mensch könne den Zeichenmassen nicht nur standhalten, sondern gar, alles verstehend, Herr des Diskurses bleiben.

Fünf Jahre vor Schleiermachers *Reden* und elf Jahre vor seinen ersten Vorlesungen über Hermeneutik ließ Fichte sich in einer Reihe von Briefen *Ueber Geist und Buchstab in der Philosophie* aus. Erschienen sind diese Briefe erst vier Jahre später (1798 und also ein Jahr vor Schleiermachers lesenswerter Schrift, die Rede sein wollte); und der Verfasser vermerkt in einer Fußnote diese Verspätung, »um das Stillschweigen über neuere Vorfälle und Aeusserungen, an die man durch diese Ueberschrift erinnert wird, zu erklären«.[13] In der Tat ist es auffällig, wie intensiv die Diskussion um 1800 das alte paulinische und fichtisch restaurierte Schema aufgreift – und wie einsinnig. Keiner (es sei denn später der Ausnahmedeutsche Goethe), der es zu Amt und Würde und gar zu einer geisteswissenschaftlichen Professur an der Humboldtschen Universität bringen möchte, versteht sich zu einer Apologie der vielen Buchstaben; alle hingegen feiern »die Einheit der geistigen Stimmung... (als) ...die Seele des Werkes«[14], die der »Buchstäbler« und Stümper« »ohne Geist« stets verfehlt.

Verfehlt aber wird von einer einheitstrunkenen Geistphilosophie und Hermeneutik ihre eigenen Idee: »durch ästhetische Erziehung die Menschen zur Würdigkeit der Freiheit, und mit ihr zur Freiheit selbst zu erheben«, die Idee, »Niemandes Herren und Niemandes Knechte zu seyn«[15], wie Fichte eindringlich formulierte. Unter Einheitsgesichtspunkten aber – und unter dem Diktat eines imperialen Geistes zumal – ist diese Idee kaum zu verwirklichen. Ausdrücklich verwahrt sich Fichte deshalb auch gegen alle zeitgenössischen Konzepte einer »Erhebung zu einer ganz anderen, uns fremden Stimmung, in welcher wir unsere Individualität vergessen«[16] – eine Wendung, die präzis ebendas ausschließt, was der Schleiermacher der *Reden* und seine frühromantischen Freunde Novalis und Friedrich Schlegel konzipieren: Möglichkeiten der Erfahrung des ganz anderen, des totaliter aliter, das jenseits oder diesseits »unserer Individualität« flottiert.

Wirkungsgeschichten sind (fast) immer siegreiche Wirkungsgeschichten. Universitär und überhaupt institutionell durchgesetzt hat sich nach 1800 eine Hermeneutik, die Johann Gustav Droysen in seiner *Historik* von 1857 auf den Un-Begriff brachte: »Der Akt des Verständnisses... erfolgt... als unmittelbare Intuition, als tauche sich Seele in Seele, schöpferisch wie das Empfängnis in der Begattung.«[17] Mit solchem Vereinigungsdelirium bricht am Ende des 19. Jahrhunderts ein Denken, das die vielen Buchstaben rehabilitiert und keine Angst davor hat, den Geist aus den Geisteswissenschaften auszutreiben.[18]

8. Ein erweiterter Autor: Der Spurenleser

Dem Einheitsdelirium der Hermeneutik des Geistes war durchschlagende Wirkung beschieden. Zu verlockend war offenbar ihr Versprechen, dem »Narrenhaus« konfligierender Buchstaben ein Ende zu machen und unübersehbare Vielheiten auf eine Einheit zu reduzieren. Das 19. Jahrhundert war eben nicht nur politisch eines der gewaltsamen Vereinigungen. Mitteleuropa arbeitet ab 1800 verstärkt in allen Bereichen an der Austreibung von Pluralitäten. Das bezeugt bereits die Exorzierung des Plurals, der – die Studien zur Begriffsgeschichte zeigen es – schon ab 1750 bei zentralen und zentralisierenden Wörtern einen schweren Stand hat. Wird doch aus den vielen Sinnen der eine Sinn, aus den vielen Geschichten die eine (Welt-)Geschichte, aus den vielen Wahrheiten die eine Wahrheit, aus den vielen Geistern (und Buchstaben) der eine Geist. Der Monotheismus siegt im europäischen 19. Jahrhundert auch auf nichtreligiösem Terrain.

Aber nicht alle sind dieser Tendenz zur Monokultur erlegen. Und nicht alle feiern sie a priori. Einer derjenigen, die sie erst einmal analysieren, hat sich sogar dagegen gewehrt, nur einen Namen zu tragen: Friedrich von Hardenberg hat sich Novalis genannt – der Neuland Gewinnende. Und erfrischend neu, weil großartig sachlich, ist die Analyse jener »Bücherseuche«, ohne die es das Bedürfnis nach philosophisch/geistiger (statt philologisch/materialer) Hermeneutik nicht gäbe. In seinen *Dialogen* – sie sind 1798/99 und also gleichzeitig mit Schleiermachers *Reden* entstanden – heißt es gleich zu Beginn:

A. Der neue Meßkatalog?
B. Noch naß von der Presse.
A. Welche Last Buchstaben – welch ungeheure Abgabe von der Zeit –

B. Du scheinst zu den Omaristen zu gehören – wenn es erlaubt ist euch nach dem Consequentesten unter euch zu benennen.
A. Du willst doch nicht den Lobredner dieser Bücherseuche machen
B. Warum Lobredner? – Aber ich freue mich im Ernst über die jährliche Zunahme dieses Handlungsartickels.[1]

Ein strengerer Kontrast zu den Anhängern des zweiten Kalifen Omar läßt sich tatsächlich kaum denken. Wurde diesem doch während seiner Regierungszeit (634-644) die Einnahme der Bibliothek von Alexandria gemeldet und die Frage unterbreitet, was mit den unermeßlichen Schätzen der superlativischen Büchersammlung zu geschehen habe. Die Bücher seien so oder so zu vernichten, lautete die barsche Antwort. Denn entweder stimmten sie mit dem Koran überein – dann aber seien sie überflüssig und also zu vernichten. Oder aber sie stimmten mit dem Koran nicht überein – dann seien sie gar schädlich und also erst recht zu vernichten.

Offenbar beklagen nun nicht mehr allein antialexandrinische Omaristen und Räuber wie Schillers Karl Moor die in jedem Sinn unübersehbaren Folgen des »tintenklecksenden Säkulums« und des »schlappen Kastratenjahrhunderts, zu nichts nütze, als die Taten der Vorzeit wiederzukäuen und die Helden des Altertums mit Kommentationen zu schinden«.[2] In die Klage über die hermeneutische Büchervermehrung stimmen auch so literate Figuren wie Hardenbergs Buchmessebesucher mit ein. Die »Buchstabenlast« und die »Bücherseuche« aber sind um so irritierender, als Literatur doch zugleich nichts anderes als ein Mechanismus zur Reduktion von Komplexität ist. Goethe hat dieser Einsicht eine unüberbietbar knappe Formulierung zukommen lassen: »Literatur ist das Fragment der Fragmente; das wenigste dessen, was geschah und gesprochen worden, ward geschrieben, vom Geschriebenen ist das wenigste übrig geblieben.«[3]

Diesem Verknappungsprinzip, das Literatur ist, steht die

Inflationierung entgegen, die ihr durch die Wut des Verstehens widerfährt. Literatur über Literatur kompensiert und überkompensiert das Fragment der Fragmente. Hermeneutische Sekundärliteratur macht nicht nur die Lücken zwischen den Fragmenten der Primärliteratur, sondern auch diese selbst vergessen. Daher die jede sekundärliterarische Bemühung überflüssig machende Deutlichkeit des Goethewortes: »Schlagt ihn tot, den Hund! Es ist ein Rezensent.« Der romantische Dialog ist da denn doch subtiler und pragmatischer. Er umgeht den Totschlagimpuls des Klassikers mit einem bemerkenswert funktionalen Vorschlag. A macht einfach die Vorteile eines »systematischen Kataloges« geltend: »wie viel kleiner an Volum und wie viel größer, an Gewicht« als die darin verzeichneten einzelnen Bücher. Auf solche Kataloge, Bibliographien, Metakataloge und Metabibliographien ist angewiesen, wer nicht mehr Lese- und Lebenszeit verwechselt, aber auch, wer wie Jean Pauls vergnügtes Schulmeisterlein Wutz nicht jedes Buch kaufen kann. Jean Pauls seltsamer Bücherheld stellt aus schierer Finanznot das Lesen von Büchern auf das Lesen eines einzigen Buches um, das nun aber nicht mehr *Heilige Schrift*, sondern gänzlich profan *Meßkatalog* heißt:

Nur *ein* Buch ließ er in sein Haus, den Meßkatalog. (Und den nutzt Wutz derart intensiv,) daß er eine ganze Bibliothek – wie hätte der Mann sich eine kaufen können? – sich eigenhändig schrieb. Sein Schreibzeug war seine Taschendruckerei; jedes neue Meßprodukt, dessen Titel das Meisterlein ansichtig wurde, war nun so gut als geschrieben oder gekauft: denn es setzte sich sogleich hin und machte das Produkt und schenkt' es seiner ansehnlichen Büchersammlung, die, wie die heidnischen, aus lauter Handschriften bestand.[4]

So radikal entbinden A und B Lesen und Schreiben nicht voneinander. Doch auch sie sind angesichts der gemeinsam konstatierten Tatsache: »So ungeheuer wächst der Umfang der Litteratur(, daß) man am Ende keine ganze Wissenschaft mehr studiren können wird«[5], auf Reduktionsmechanismen angewiesen: Anders als der arme Schulmeister kaufen und lesen sie noch Neuerscheinungen, aber eben nicht mehr so intensiv wie den Meßkatalog: »B. Übung macht den Meister, und auch im Bücherlesen. Du lernst dich bald auf deine Leute verstehn – Man hat oft nicht 2 Seiten dem Autor zugehört, so weiß man schon, wen man vor sich hat.« Sachlicher ließe sich die Pragmatik geistig-hermeneutischer Lektüre nicht beschreiben. Sie verkürzt aufwendiges und auf jeden Buchstaben gleichschwebend aufmerksames Lesen zu der Form subsumierender Kenntnisnahme, die auch das Possessivpronomen – »deine Leute« – rechtfertigt.

Wie verbreitet dieser Lektüregestus bis heute ist, zeigt *der* Skandal im Literaturbetrieb der letzten Jahre. Der Feuilletonchef der Wochenzeitschrift der gebildeten Stände – und eben nicht der Boulevardpresse – hat es geschafft, einen Bericht über die Buchmesse auf die allererste Seite der *Zeit* vom 10.10.1985 zu lancieren. In ihm wird die »›Trendmeldung‹ eines drittklassigen Kritikers«, wonach »in der zeitgenössischen Literatur so viel gereist würde, weil die Autoren über sich und ihr Land nichts zu sagen hätten«, paraphrasiert und grimmig überlegen kritisiert. Soviel Inkompetenz in der Diagnose der geistigen Situation unserer Zeit entsetzte den *Zeit*-Feuilletonisten so sehr, daß er eine eigene Einschätzung »seiner Leute« dagegensetzte. Diese hat keine Angst vor globalen Aussagen auf der Grundlage globaler Lektüre: »Es ist wohl anders. Die zeitgenössische deutsche Literatur – einschließlich der DDR-Literatur – ist ich-süchtig und weltversunken, funkelnd von Narzis(sic!)mus und tänzerisch-sprühend von Phantasie: Es ist eine starke, formsüchtige Gegenwelt, sich selbstbewußt setzend gegen die Häppchen- und Breikost des Fernsehens. Unübersichtlich ist sie allemal.«

Sic tacuisses. Im Gestrüpp der schon vom Titel – »Bücher-Babylon« – beklagten Unübersichtlichkeit verirrt sich auch der umsichtig überlegene Zeitdiagnostiker, der sich apodiktische Sätze des Typs »Die zeitgenössische deutsche Literatur ist...« noch zutraut und präzise nach dem von Novalis beschriebenen hermeneutischen Reduktionsschema seine Leute zu kennen glaubt. Der hermeneutisch so intim mit dem Zeitgeist ist, wird nun aber von allen guten Geistern verlassen. Schließt doch der Artikel mit den atemberaubenden Worten: »Unübersichtlich ist sie (die zeitgenössische deutsche Literatur) allemal. Das hat einer schon, lange ist's her, konstatiert über jene Epoche, die wir heute gerne die klassische nennen – und der das Entstehen der Messestadt Frankfurt beobachtete: ›Man begann damals das Gebiet hinter dem Bahnhof zu verändern. Die alten Schreberhäuslein wurden niedergelegt. Verleger hielten mit ihren Bücherständen Einzug. Aber bald herrschte, wo vordem des Lebens Rankenwerk gewuchert, die neue Unübersichtlichkeit des Geistes. Modische Eitelkeit.‹ Goethe hieß der Mann. Auf zum Jahrmarkt der Eitelkeiten.«

Der erstklassige Kritiker, der auch vor neuer Unübersichtlichkeit nicht kapituliert, der über alles verständig zu schreiben versteht und der überlegen den drittklassigen Kritiker schilt, deliriert einen Bahnhof und Schrebergärten in das Frankfurt der Goethezeit sowie einen Habermas-Titel in Goethes Texte. Daneben verblaßt geradezu die Fehlleistung, die überdeutliche Travestie einer Tageszeitung (der *NZZ*) überhaupt für ein Originalzitat Goethes gehalten und entwendet zu haben. Raddatz' Text aber ist nicht nur das Dokument einer persönlichen Peinlichkeit, sondern das späte Manifest der Unhaltbarkeit eines Lektürehabitus: Die Hermeneutik des (Zeit-)Geistes wird geister- und gespensterhaft, wenn die aleatorischen Buchstabenmassen jedes geistige Integral sprengen.

Dies aber ist eben das Versprechen der Hermeneutik in der Tradition Schleiermachers: dort übersichtliche Einheitlichkeit her(aus)zustellen, wo ansonsten schiere Unübersichtlichkeit herrscht. Darauf verweist schon die hermeneutische Grundbegrifflichkeit, die durchweg Reduktion von Zwei- oder Vielheiten auf eine Einheit verspricht und doch nicht so funktional sprechen möchte. Wer Horizonte verschmilzt, läßt eben an der Stelle vieler Perspektiven eine einzige übrig. Wer einen Universalitätsanspruch erhebt, integriert zumindest und subsumiert zumeist alternative Ansprüche. Wer hermeneutisch auf der Metaebene spricht, dem stellen sich unübersichtliche Verhältnisse als recht überschaubar dar. Wer eine Hermeneutik des Geistes betreibt, kann die Vielheit der Geister und Buchstaben souverän vergessen. Wer werkimmanent liest, bleibt vor dem Bewußtsein bewahrt, draußen und also an einem anderen Schauplatz zu sein als der gedeutete Text.

Die frühromantischen Freunde des Schleiermacher, der noch die um Sinn und Sinne betrügende »Wut des Verstehens« kritisierte, haben denn auch das Versprechen der Hermeneutik des Geistes als Versprecher verstanden. Novalis und Schlegel konzipierten deshalb eine subversive Hermeneutik der Pluralisierungen. Ihr liegt die schlichte und phänomenologisch kaum bezweifelbare Einsicht zugrunde, daß Interpreten und Hermeneuten faktisch nichts anderes machen, als eben die Texte zu inflationieren, die sie überschaubar zu machen versprechen. Wer immer sich deutend, auslegend oder interpretierend über einen Text ausläßt, schreibt eben einen weiteren Text über den ersten. Und stellt somit, da das Verfahren beliebig iterierbar ist, ebendas Palimpsest her, das er zu entschlüsseln behauptet. »Der wahre Leser muß der erweiterte Autor seyn.« Den »Nutzen des Buchstabens« aber erkennt nur die Philologie, die ihren Buchstabensinn erfüllt: »Begriff von Philologie – Sinn für das Leben und die Individualitaet einer Buchstabenmasse. Wahrsager aus Chiffern – Letternaugur. Ein Ergänzer«[6] – so hat Novalis das Problem bündig auf den Begriff gebracht.

Von Novalis stammt auch eine Bemerkung, die der Tradition eines hermeneutischen Romantik-Verständnisses kraß widerspricht: »Ich bin überzeugt, daß man durch kalten, technischen Verstand, und ruhigen, moralischen Sinn eher zu *wahren Offenbarungen* gelangt, als durch Fantasie, die uns blos ins Gespensterreich, diesen Antipoden des wahren Himmels, zu leiten scheint.«[7] Universität und institutionell Geltung erlangen konnte diese Konzeption nicht. Mit einhundertjähriger Verspätung aber kehrt sie, die verdrängte Konzeption kalt-technischen Verstandes und pluraler Texterweiterung, in den neuen humanwissenschaftlichen Disziplinen der Linguistik, der Psychoanalyse und der Ethnologie wieder. Ihnen ist, nach einem schönen Wort Friedrich Kittlers, gemeinsam, daß sie »Wissen von Abfällen in jedem Wortsinn« sind.[8] »Abgefallen von den Geisteswissenschaften, haben sie ihren Abfall zur Sache. Und der ist massenproduziert worden. Den Schmutz der Sexualitäten und der Sprachschnitzer, mit denen Leute ihre Wahrheit sagen, macht die Psychoanalyse zum alleinigen Ausgangspunkt. In den Abfällen, die die Kolonisatoren übrigließen oder herstellen, kann die Ethnologie fündig werden, nicht obwohl, sondern weil es Abfälle sind. Den Buchstabensalat gewisser altlateinischer Verse, die die Literaturhistoriker überlesen hatten, sucht der einsame Wahnsinn (des Anagrammanalytikers, J. H.) Saussure auf Götternamen ab. So kehren als Elemente des strukturalistischen Tuns die Geistergeschichten wieder. Ihre Medien: die hysterischen Frauen, die traurigen Tropen, die saturnischen Anagramme.«

Dem entbundenen Verständigungs- und Horizontverschmelzungswillen geben sich diese Abfälle nicht zu erkennen. Wohl aber dem Spurensucher, der erst gar nicht vorgibt zu verstehen. Er entschlägt sich durch Übungen der Epoché jeden Vorverständnisses, da es zu den elementarsten Mißverständnissen führt. Den häretischen Mut, die von Freud, Frazer und Saussure gepflegte Methode der Abfallanalyse auch auf dem klassischen Terrain der hermeneutischen Wut des Verstehens zur Geltung zu bringen, hatte ein weiteres dissidentes Dreigestirn. Daß der Name Freud auch in ihm auftaucht, ist so verwunderlich nicht: Freud, Conan Doyle und Morelli. Dem Psychoanalytiker, dem poetischen Erfinder von Sherlock Holmes und dem Kunsthistoriker ist, wie Carlo Ginzburg eindringlich dargelegt hat[9], ein Gestus gemeinsam: die Ignoranz. Sie wollen vom Charakter eines Menschen, vom Sinn eines Verbrechens und vom Geist eines Kunstwerks nichts wissen. Vielmehr pflegen sie einen Kult des Mißtrauens gegenüber allem (zu) Offensichtlichen und gegen alle Offenbarungen des Geistes. Ihr gemeinsamer Verdacht entspricht der Weisheit des bekannten Witzes vom Mönch, der seinen sterbenden Klosterzellenbruder bittet, doch, wenn irgend möglich, nach ersten Einblicken in das himmlische Leben nachts kurz wiederzukehren und Bericht darüber zu erstatten, ob das lebenslange Nachdenken über Gott und die Welt denn zuträfe. Die Bitte wird erfüllt, der Verstorbene kehrt wieder und sagt nur dieses: »alles ganz anders«.

Daß alles und zumal das Göttliche ganz anders, totaliter aliter sei, als es dem Verständigungswillen schwane, hat nicht erst Rudolf Otto in seiner Abhandlung über das Heilige vermutet.[10] Daß alles ganz anders ist, als es noch dem gewitztesten Vorverständnis scheint: daß der Inspektor der Mörder, die vergötterte Mutter die größte Bedrohung und das so sehr den Geist Rembrandts atmende Bild nun eben gerade nicht von Rembrandt sei, das erschließt sich nicht der Wut des Verstehens, sondern der Spurensuche. Denn sie achtet mit gleichschwebender Aufmerksamkeit auf den Abfall. Wenn Sherlock Holmes den Schauplatz eines Verbrechens betritt, will er nichts verstehen. Den Sinn eines Verbrechens durch Fragen etwa nach dem cui bono zu verstehen liegt dem Detektiv fern. Intensiv aber sammelt er z. B. Zigarettenasche auf und fertigt Abdrücke von Fußspuren an. Diesem neuen kriminalistischen Paradigma, dem Indiziensammeln bzw. der Spurensuche, ist bekanntlich bester Erfolg beschieden.

Als unverständiger Indiziensammler betätigt sich etwa

zur selben Zeit auch der italienische Kunsthistoriker Giovanni Morelli, der unter dem (fast anagrammatischen) Pseudonym Lermolieff publizierte. Anders als seine Fachkollegen spürte er bei Gemälden, deren Zuschreibung strittig war, nicht dem Geist des Bildes, sondern seinen unauffälligsten Details nach. Nicht die leicht kopierbaren Signale wie das geheimnisvolle Lächeln auf den Bildern Leonardos oder der zum Himmel erhobene Blick bei den Figuren Peruginos, sondern deren Ohrläppchen, Fingernägel und Fußzehen standen so im Zentrum seiner geistlosen Aufmerksamkeit. Mit dem Erfolg, daß ihm kunsthistorische Klärungen gelangen, die den kriminalistischen von Sherlock Holmes in nichts nachstehen.

Der Bezug zu Freuds Scharfsinn braucht vom Theoretiker der Spurensuche nicht per analogiam hergestellt zu werden.[11] Freud selbst hat ihn in bemerkenswerten Wendungen ausgesprochen. In seiner Studie über den *Moses des Michelangelo* von 1914 heißt es: »Lange bevor ich etwas von der Psychoanalyse hören konnte, erfuhr ich, daß ein russischer Kunstkenner, Ivan Lermolieff, dessen erste Aufsätze 1874 bis 1876 in deutscher Sprache veröffentlicht wurden, eine Umwälzung in den Galerien Europas hervorgerufen hatte, indem er die Zuteilung vieler Bilder an die einzelnen Maler revidierte, Kopien von Originalen mit Sicherheit unterscheiden lehrte und aus den von ihren früheren Bezeichnungen frei gewordenen Werken nue Künstlerindividualitäten konstruierte. (...) Ich glaube, sein Verfahren ist mit der Technik der ärztlichen Psychoanalyse nahe verwandt. Auch diese ist gewöhnt, aus geringgeschätzten oder nicht beachteten Zügen, aus dem Abhub – dem ›refuse‹ – der Beobachtung, Geheimes und Verborgenes zu erraten.«[12]

Gegen Ende des 19. Jahrhunderts löst das spurensichernde Interesse am Abhub bei den gescheitesten Theoretikern die Hermeneutik des Geistes ab und knüpft zugleich an verdrängte Traditionslinien an. Denn Spurensuche ist nicht bloß die älteste Lektüreübung der Nomaden – sie ist auch die schon vom frühen Schleiermacher in einer kleinen Seitenbemerkung angedeutete Alternative zur »Wut des Verstehens«. Danach besteht »die erste Regung der Religion« in einer »geheimen unverstandnen Ahnung«, die die »jungen Gemüter« über den Reichtum dieser Welt hinaustreibt; daher ist ihnen »jede Spur einer andern so willkommen«.[13] Diese Spur zu verwischen, die darauf verweist, daß alles ganz anders sein könne, tritt dann das »Joch des Verstehens« an, das die »armen Seelen« lehrt, »wie schön und nützlich es ist, fein artig und verständig zu sein.«[14] Sicherlich liegt hier keine spurensichernde Konzeption im Sinne Ginzburgs vor. Bemerkenswert aber ist es immerhin, daß auch Schleiermacher den Begriff der »Spur« ins Spiel bringt und – daß er »Verstehen« als eine Verkennungen produzierende Pazifizierungsstrategie charakterisiert.

Sowenig Schleiermachers Polemik gegen die Wut des Verstehens ihre Institutionalisierung verhindern konnte, sowenig schloß die spurentheoretische Kritik der Hermeneutik aus, daß diese auf breiter Front, nämlich in den universitären Geisteswissenschaften und der gehobenen Alltagskonversation, weiter betrieben wurde und wird. Nur mußte sie sich inzwischen eine Diagnose ihrer Interpretationswut gefallen lassen. Nietzsche hat sie, seinen hermeneutischen Zeitgenossen und Antipoden Dilthey vor Augen, in aller wünschenswerten Klarheit ausgesprochen: »Der Wille zur Macht *interpretiert* (...). In Wahrheit ist Interpretation ein Mittel selbst, um Herr über etwas zu werden.«[15] Denn »das Interpretieren selbst, als eine Form des Willens zur Macht«[16], prozediert als »Vergewaltigen, Zurechtschieben, Abkürzen, Weglassen, Ausstopfen, Ausdichten, Umfälschen und was sonst zum *Wesen* alles Interpretierens gehört«.[17]

Klarer läßt sich die um ihrer Evidenz willen stets erneut tabuierte Einsicht nicht aussprechen und niederschreiben: Wer interpretiert, will Herr über den interpretierten Text werden. Und wer Interpretationen als werkimmanenten

Dienst am Text interpretiert, vertraut eben darauf, daß kaschierte Formen des Willens zur semantischen Macht effektiver sein können als offenbare. Hinter diesen unterschiedlichen Interpretationen von Interpretationen aber stehen auch unterschiedliche Formen des Willens zur Macht. Die vereinheitlichende Wut des Verstehens will, indem sie Texte liebedienerisch-herrisch bis zur Unlesbarkeit überschreibt und umschreibt, ein geistiges Zentrum errichten, das alle »Großen dasselbe sagen« (Emil Staiger) und kleine Geister erst gar nicht mitreden läßt. Die frühromantische und nietzscheanische Konzeption der Interpretation aber will deren Buchstabensinn erfüllen und interpretieren, dazwischenreden, um das eine Zentrum der Macht zu vervielfältigen, zu de-, ja zu ex-zentrieren. Das läßt sie exzentrisch erscheinen. So exzentrisch wie die Texte, die einen fremden Blick auf die eigene Kultur werfen und die die Kunst der Interpretation deshalb unlesbar machen will. Was auch heißt, daß die exzentrische Interpretation häufig genug den interpretierten Texten affiner ist als die sogenannte werkimmanente. Denn wo diese die Texte zerstreut, die sie auszulegen vorgibt und denen sie doch nur ihren Alltagsverstand unterlegt, zerstreut jene auch Widerstände gegen Texte. Wer Ohren hat zu hören, der höre; wer Augen hat zu lesen, der lese.

9. Was nie geschrieben wurde, lesen

Die hermeneutischen Grundbegriffe »verstehen«, »auslegen«, »interpretieren« und »deuten« sind nicht eben sonderlich klar an- und gegeneinander ausdifferenziert. Sie entziehen sich weitgehend auch begriffsgeschichtlichen Feststellungsversuchen. Dennoch sind Beschreibungen ihres bevorzugten semantischen Feldes möglich. Der Begriff »Auslegung« wirkt heute eher antiquiert. Aus gutem Grund – meint er doch in seinen frühen Verwendungen zumeist das Auslegen bzw. Ausbreiten von Schriftrollen und somit den Vollzug, der rein empirisch Lektüre allererst ermöglicht. Diese bescheidene handwerkliche Bedeutung hat eine extreme und gleichermaßen subjektferne, nämlich ontologische Variante: Auch das Sein kann sich – so will es nicht erst Heideggers Sprachspiel – unterschiedlich entbergen und in Seiendem auslegen. Sofern das gealterte Wort aber heute überhaupt noch verwandt wird, bezeichnet es zumeist als Äquivalent des lateinischen »explicatio« das Geschäft der materialen Klärung problematischer Stellen durch Nachschlagen in Lexika, Erhellung verblichener Schriftzüge etc.

Diesem Handwerk der Auslegung kontastiert die Kunst der Interpretation.[1] Als »kunstmäßiges Verstehen schriftlich fixierter Lebensäußerung« hat Dilthey sie denn auch zu definieren versucht. Häufig genug ist das Geschäft der Interpretation deshalb mit Epitheta wie kongenial und artistisch versehen. Welche Artistik sich aber durchweg (wenn man von Nietzsches Klartext absieht) als eben kongeniale und somit dienende (miß)versteht. Wer die Kunst der Interpretation souverän beherrscht, glaubt und macht glauben, dem interpretierten Werk immanent zu bleiben. Nichts ist ihm problematischer als der Nachweis, daß er das Werk zu beherrschen sucht.

Das unterscheidet »interpretieren« von »deuten«. Dieser von Luther geschätzte Begriff diente anfangs wohl auch als Verdeutschung von »interpretare«, emanzipierte sich jedoch bald von dieser bloßen Übersetzungsfunktion. Denn anders als im »interpretieren« schwingt im »deuten« ein okkasionalistisches, ein willkürliches, ein autochthones Moment mit. Meint »deuten« doch nicht die ausdrückliche Explikation des immer schon (Vor-)Verstandenen, sondern die Strukturierung des ansonsten Unverständlichen. »Deutung« versteht sich – und das unterscheidet sie von der Interpretation – nicht mimetisch, sondern arbiträr. Hofmannsthal hat dem in den Schlußversen seines lyrischen Dramas *Der Tor und der Tod* zu unübertroffenem Ausdruck verholfen, als er den Tod »kopfschüttelnd langsam abgehen« ließ mit den Worten, auf die Walter Benjamin am Ende seines großen Aufsatzes *Über das mimetische Vermögen* huldigend anspielte:

> Wie wundervoll sind diese Wesen,
> Die, was nicht deutbar, dennoch deuten,
> Was nie geschrieben wurde, lesen,
> Verworrenes beherrschend binden
> Und Wege noch im Ewig-Dunklen finden.[2]

Was nicht deutbar, hat der Tor, der dadurch keiner mehr ist, soeben dennoch gedeutet. Und zwar in einem Akt, der bewußt an die adamitische Kraft ursprünglichen Benennens anknüpft.

> Ich kanns! Gewähre, was du mir gedroht:
> Da tot mein Leben war, sei du mein Leben, Tod!
> Was zwingt mich, der ich beides nicht erkenne,
> Daß ich dich Tod und jenes Leben nenne?
> (…)
> Kann sein, dies ist nur sterbendes Besinnen,
> Heraufgespült vom tödlich wachen Blut,
> Doch hab ich nie mit allen Lebenssinnen,
> So viel ergriffen, und so nenn ichs gut!

Deutungen sind unableitbar wie die geglücktesten Werke und ihnen deshalb fern und nah; sie über- und unterbieten den Anspruch, verstanden zu haben, welch spezifisch vager Anspruch den Spezifizierungsversuchen von »auslegen« und »interpretieren« zugrunde liegt. Interpretationen aber behaupten ein Kontinuum mit dem Interpretierten und könnten ihm doch in dieser unterlegten und nachgetragenen Nähe ferner nicht sein.

Geradezu schroff und verletzend abgewiesen wird diese an- und nachgetragene Nähe des Verstehens und Immerschon-Verstandenhabens in einem aufregenden Gedicht Nietzsches.[3] Es wirft ein grelles Licht auf den Universalitätsanspruch einer Hermeneutik, die die Geschichtlichkeit des Verstehens unterstreicht und dabei gänzlich ungeschichtlich für alle Epochen, Kulturen und Diskursordnungen unterstellt, es sei unmöglich, nicht zu verstehen. Entstanden ist Nietzsches Gedicht im Sommer 1876 und somit fast genau ein Jahrhundert nach dem berühmtesten Gedicht deutscher Sprache, auf das es unverhohlen antwortet: auf die epochalen Zeilen *Wandrers Nachtlied*, die Goethe vermutlich am 6. September 1780 (oder 1783) mit einem Bleistift in die Holzwand der Jagdhütte auf dem Kickelhahn bei Ilmenau einschrieb.

> Über allen Gipfeln
> Ist Ruh',
> In allen Wipfeln
> Spürest Du
> Kaum einen Hauch;
> Die Vögelein schweigen im Walde.
> Warte nur! Balde
> Ruhest Du auch.[4]

Auch Nietzsches Zeilen könnten den Titel *Wandrers Nachtlied* bzw. *Ein gleiches* tragen – unter welcher Überschrift Goethes Gedicht in den gängigen Ausgaben figuriert, weil es dort nach einem weit weniger bekannten zu lesen steht, dem der berühmte Titel schon zuvor zukommt. Ein gleiches:

denn Zeit, Ort und Redende bzw. Schweigende entsprechen in Nietzsches Zeilen der Anordnung Goethes – eine Wiederkehr des Gleichen, die aber bald ihre Differenz zu erkennen gibt. Beide Male verweist eine nächtliche Höhenlandschaft, deren Dunkel das Sehen begrenzt, einen Wandernden auf Geräusche und Stimmen, die bekanntermaßen anders als der Blick auch das Dunkel durchdringen können. Die Gleichheit beider Gedichte aber findet eine präzise Grenze: Während Goethes nächtlicher Wanderer einzig vernimmt, daß er nichts vernimmt, dieses »nichts« aber dennoch nicht nicht, sondern dahingehend versteht, daß er »auch« bald ruhend verstummen wird, ist Nietzsches Wanderer in ein abgründiges Gespräch verwickelt:

> Es geht ein Wandrer durch die Nacht
> Mit gutem Schritt;
> Und krummes Tal und lange Höhn –
> Er nimmt sie mit.
> Die Nacht ist schön –
> Er schreitet zu und steht nicht still,
> Weiß nicht, wohin sein Weg noch will.
> Da singt ein Vogel durch die Nacht. –
> – »Ach Vogel, was hast du gemacht?
> Was hemmst du meinen Sinn und Fuß
> Und gießest süßen Herz-Verdruß
> Auf mich, daß ich nun stehen muß
> Und lauschen muß,
> Zu deuten deinen Ton und Gruß?«
> Der gute Vogel schweigt und spricht:
> »Nein, Wandrer, nein! *Dich* grüß ich nicht
> Mit *dem* Getön!
> Ich singe, weil die Nacht so schön:
> Doch *du* sollst immer weiter gehn
> Und nimmermehr mein Lied verstehn!
> Geh nur von dann' –
> Und klingt dein Schritt von fern nur an,
> Heb' ich mein Nachtlied wieder an,
> So gut ich kann.
> Leb wohl, du armer Wandersmann!«[5]

Ein gleiches und doch kein gleiches: Anders als Goethes nächtlicher Wandrer vernimmt Nietzsches Pendant nicht nichts. Er, der zuschreitet und im doppelten Sinn »nicht still steht«, wird vielmehr Adressat eines gleich dreifach paradoxen Zuspruchs. Ihren szenischen Ausdruck findet die paradoxe Grundstruktur des Gedichts darin, daß beide, die gängige wie die buchstäbliche Bedeutung des »Still-stehens«, nie zur Deckung gelangen. Sofern nämlich der Wandrer still vorwärts geht, spricht er nicht; sofern er sich aber angesprochen glaubt oder sich-sprechen-hört, geht er nicht: »Was hemmst du meinen Sinn und Fuß / ... daß ich nun stehen muß.«

Die Rede aber, die »süßen Herz-Verdruß« auf den Nomaden ergießt, könnte paradoxer kaum sein. Erstens ist sie keine Rede, sondern sprachloses »Getön«, dem der Hörende die Struktur von Rede einfach unterlegt. Durch diese Unterlegung und nur durch diese wird aus dem Vogel, der da gänzlich intentionslos in der Nacht singt, ein Subjekt, das tut, was ein zoon logon echon nun einmal auszeichnet – es »schweigt und spricht«. Dieses tönende Schweigen gibt (zweite Paradoxie) in aller Eindeutigkeit zu verstehen, daß es nicht zu verstehen sei: »Doch *du* sollst immer weiter gehn / Und nimmermehr mein Lied verstehn!« Dem stillgestellten Wanderer jedoch kann das Lied (dritte Paradoxie) schon allein deshalb nicht verständlich sein, weil es an ihn und zugleich nicht an ihn adressiert ist: »Nein, Wandrer, nein! *Dich* grüß ich nicht.«

Diese dreifach Paradoxie aber hat eine einfache Ursache, die das Gedicht auch in aller Klarheit benennt: Der Wandrer untersteht einem universalen Imperativ des Verstehens. Er »muß lauschen« oder glaubt doch, lauschen zu müssen, um zu deuten und zu verstehen. Ein hermeneutischer Beziehungswahn, den er mit seinem hundert Jahre älteren Vorgänger teilt. Dadurch fällt von der dreifachen Paradoxie des Vogel-Liedes ein Licht auf die eine Paradoxie der berühmten Vorlage. Sie ist durch den schlichten Umstand suggestiv verdeckt, daß Goethes Zeilen (anders als die Nietzsches) die direkte Rede konsequent vermeiden. So tritt an die Stelle eines hypostasierten lyrischen Ichs eine reine Anrede, die kein Subjekt des Sprechens kennt. Wer da sagt: »In allen Wipfeln / Spürest Du / Kaum einen Hauch« oder: »Warte nur! Balde / Ruhest du auch«, muß um so rätselhafter bleiben, als das Gedicht ja alleinige Ruhe evoziert.

Benannt wird diese eine grundlegende und grundstürzende Paradoxie bei Nietzsche so lakonisch wie nur irgend möglich: »Der gute Vogel schweigt und spricht.« Und lösbar wird diese bei Goethe nur in Anspruch genommene, nicht aber eigens ausgesprochene Paradoxie nur dann, wenn man ihre weitreichende Voraussetzung namhaft macht – nämlich alles und also noch die Ruhe als in jedem Sinne bedeutend zu erklären; alles so zu semantisieren, wie Goethes Zeilen es implizit und Goethes schizoider Jugendfreund Lenz in Büchners Erzählung es dem paradigmatischen Alphabetisierer Oberlin gegenüber explizit tun: »Hören Sie denn nichts, hören Sie denn nicht die entsetzliche Stimme, die um den ganzen Horizont schreit, und die man gewöhnlich die Stille heißt, seit ich in dem stillen Tal bin, hör' ich's immer, es läßt mich nicht schlafen, ja Herr Pfarrer, wenn ich wieder einmal schlafen könnte.«[6]
Die um 1775 erfundene Universalisierung von Bedeutsamkeit und Verstehen läßt die, die jene imperiale Universalisierung eingesetzt haben, buchstäblich nicht mehr in Ruhe. Herder hat in seinem 1801 erstmals veröffentlichten Gedicht *Bilder, Allegorien und Personificationen* diese Unruhe positiv als Produktionsgrund des Genies gedeutet:

> Erwache, sprach der Genius, und sieh,
> Rings um Dich her der Welt Allegorie,
> Wie seit der Schöpfer sprach: es werde Licht!
> Zu Dir die Schöpfung, Geist im Körper, spricht.
> Bedeutungsleeres ist rings um Dich nichts;
> Und wie der ewge Wille spricht, geschieht.
> (...)

> Von allem, was der Weltgeist regt und pflegt,
> Hat er Bedeutung Dir ins Herz geprägt.
> Bedeutung ist der Geister Element,
> Ein lebend Wort, das keine Sprache kennt.[7]

Damit knüpft Herder – ein für die Goethezeit bemerkenswerter und exzentrischer Rückgriff – deutlich an die Tradition des barocken Allegorikers und Polyhistors an, dessen Melancholie überall göttliche Zeichen gewahrt. Daß es durch Gottes Güte kein semantisches Vakuum und bei Gott keine Zeichenlosigkeit gebe, formulierte auch schon Irenäus von Lyon: »nihil enim vacuum, neque sine signo apud eum«.[8] Bemerkenswert aber ist es, wie dieses Theologumenon bei Herder doppelt, nämlich barock und genieästhetisch, überformt und bei Goethe wie bei Büchner schließlich gänzlich immanentisiert wird. Nicht nur bei Gott, sondern auch in der gottlosen Welt der Menschen gibt es kein semantisches Vakuum mehr. Goethes Wandrer, Büchners Lenz und auch Wilhelm Müllers bzw. Schuberts Winterreisender (aner)kennen kein Diesseits oder kein Jenseits des Symbolischen mehr. Semantische Leerräume zu vermeiden ist nicht länger eine Leistung, die »apud Deum« oder beim Weltgeist läge. Im Netz universaler Bedeutsamkeit ist jeder und jedes verfangen, weil noch jeder Waldvogel an ihm mitwebt.

Auch Nietzsches Wandrer ist ein spätes Opfer dieser Universalisierung diskursiver Regeln. Sie beruht auf der Festsetzung, die mit einer Feststellung nicht verwechselt werden darf: daß man nicht nicht verstehen könne, weil nichts nicht bedeutsam sei. Diese elementare und die Konjunktur von Hermeneutik erst ermöglichende Festsetzung aber hat präzis benenn- und rekonstruierbare diskurshistorische Voraussetzungen: die Verbesserung Mitteleuropas vor allem durch jenen Verbund von infrastruktureller Vernetzung, Alphabetisierung und kindzentrierter Pädagogik, wie Büchner sie hellsichtig an der Gestalt des elsässischen Pfarrers Oberlin beschrieb.[9] Die neuen Sozialisationsprozeduren der Kleinfamilie, die sich in der zweiten Hälfte des 19. Jahrhunderts durchsetzen, ziehen die erzieherischen Beeinflussungen von der Äußerlichkeit des ganzen Kinder-Körpers ab und zentrieren sie auf die Verbindungslinie zwischen dem Muttermund und dem Kinderohr.[10] Zureden ersetzen weitgehend körperliche Direktheiten.

Und diese guten oder schlechten Zureden können sich die Einsicht zunutze machen, danach das Ohr jene Öffnung des Kopfes ist, die kein Schließmuskel gegen Äußerlichkeiten versperren kann. Das Ohr ist, wie eben nicht nur Goethes und Nietzsches nächtliche Wanderer erfahren müssen, das Einfallstor des Anderen. Er ist redend und beredend immer schon da. Und er sorgt dafür, daß das Unbewußte des Einen der Diskurs des Anderen ist. So ersetzt die Semantisierung des Unbewußten, das sich im und als Diskurs des Anderen konstituiert, weitgehend die pädagogische Zurichtung gehorchender Körper. Als Epoche der Innerlichkeit und Empfindsamkeit ist diese Mutation der Pädagogiken mitsamt ihren diskursiven Resultaten in die Geistesgeschichtsschreibung eingegangen. Zur Irritation noch des sachlichsten Goetheforschers hat übrigens Adalbert Kuhn in einem schlesischen Wiegenlied die eigentliche Quelle von *Wandrers Nachtlied* vermutet:

> Schlaf, Kindlein, balde!
> Die Vögelein fliegen im Walde;
> Sie fliegen den Wald wohl auf und nieder,
> Und bringen dem Kindlein die Ruh bald wieder.
> Schlaf, Kindlein, schlaf.[11]

Wie dem auch philologisch sei – das Wiegenlied kennt den Schlaf und die Ruhe nicht länger als das schlechthin Andere, sondern vielmehr nur noch als den Effekt der Rede. Gebete, Märchenerzählungen und souffliierte Tageserinnerungen werden am Kinderbett dafür sorgen, daß der anstehende Schlaf nicht das schlechthin Andere der Rede sein wird. *Der Erlkönig* legt davon ein beredtes Zeugnis ab.

Während also Goethes glückende Zeilen ihr diskursanalytisch lösbares Rätsel der Semantisierung noch der Ruhe verdanken, entsemantisiert Nietzsches Gedicht umgekehrt die Rede. Es möchte rückgängig machen, was der Universalitätsanspruch der Hermeneutik und der Imperialismus der Kommunikation mit sich brachten: die Wut des Verstehens. Deshalb bebildert es drastisch die Effekte jener ein gutes Jahrhundert alten Innovation, der die Geisteswissenschaften ihre Existenz verdanken. Die Universalisierung der Kategorien »Bedeutsamkeit« und »Verstehen« hat die Gesetze zur Konsequenz, denen zufolge man nicht nicht kommunizieren und also auch nicht nicht verstehen kann.[12] Der Wandrer muß lauschen und kommuniziert deshalb noch zwangshaft mit dem, der ihn nicht angesprochen hat. Und er muß noch das verstehen, was nicht zu verstehen ist.

Auch der Waldvogel unterliegt durch schieren Oktroi diesem Gesetz und gibt doch nur, bis zur Grobheit deutlich, zu verstehen, daß er ihm entraten will. Ein doppeltes »Nein!« eröffnet seine Anwort auf die Anmutungen des Wandrers, die Zumutungen sind – »*Dich* grüß ich nicht!« Das darauf folgende »Getön« ist denn auch eine einzige Verwerfung der hermeneutischen Anstrengungen desjenigen, der meint, eines (Be-)Deutungsimperativs wegen seine Bewegungen einstellen zu müssen. Dem »armen Wandersmann« aber legt der »gute Vogel« dar, daß sein Nachtlied nicht im Interesse vermeintlicher Sinn- und und »süßer Herz-Verdruß«-Produktion, sondern um seiner selbst und der schönen Nacht willen erklingt. Anders als das Nachtlied des Wandrers ist das des Vogels ebenso sinn- wie bedeutungs- wie intentionslos. Deshalb können beide, der Verstehen-Wollende und der schön Singende, nie zueinander kommen. Seit die universalisierte Kommunikation der Münder und Ohren noch die Kommunion der Leiber bestimmt, ist das Schöne so zölibatär, wie das Begehren nach dem Schönen durch die Wut des Verstehens verstellt.

Den von Nietzsches Zeilen aufgewiesenen Paradoxien

enträt hingegen »im Jahre des *Heils* 1876« – der Brief ist wenige Tage vor der Eröffnung der Bayreuther Festspiele geschrieben – Wagners gleichfalls nomadisierende Siegfried-Gestalt, die gleichfalls einem »Waldvögelein« begegnet. Für Siegfried aber ist der Gesang des Vogels eingestandenermaßen gänzlich unverständlich. Seinen Tönen semantische Strukturen zu unterlegen liegt ihm anfangs völlig fern. Statt dessen nimmt Siegfried buchstäblich zurück, was Goethes und – in bereits kritischer Perspektive – Nietzsches Wanderer taten: er universalisiert nicht die symbolische Kommunikation, sondern enträt umgekehrt selbst der Worte:

> Entrat ich der Worte,
> achte der Weise,
> sing ich so seine (des Vögeleins) Sprache,
> versteh ich wohl auch, was es spricht.[13]

Siegfried ist nicht von der Wut des Verstehens umgetrieben. Und so macht er nicht das Tier dem Menschen, sondern sich dem Tier gleich. Er enträt der Worte, um dann auf einem geschnitzten Rohr, Vogelstimmen imitierend und nicht etwa diesen seine Rede unterlegend, Aleatorisches zu blasen. Sein – in hermeneutischer Perspektive mißglücktes – Lied aber macht das Vogellied nicht nachvollziehbarer, sondern evoziert vielmehr den Drachen Fafner und somit, die aristotelische Definition des Menschen buchstäblich vorführend, ein »Tier, das zum Sprechen taugt«. Doch erscheint das sprechende Tier nun eben nicht als Symbol universaler Verständigung, sondern als Bedrohung dessen, der der symbolischen Ordnung entraten will. Deshalb ermöglicht erst die Erschlagung des »Tiers, das zum Sprechen taugt«, die ekstatische Verständigung zwischen dem Vogel und Siegfried, die nun beide nicht etwa Bedeutungen, sondern »holden Sang« und »süßesten Hauch« austauschen.

Beider Begegnung endet folgerichtig nicht in der Verheißung ebenso schlechthinniger wie bedeutungsinniger Ruhe, sondern im erregtesten »Lauf« zur Braut Brünnhilde. Weil es nicht zu verstehen ist, ist das Lied des Waldvogels ein

Kunstwerk, wie der Wagner-Hörer Adorno wußte. »Kunstwerke sind nicht von der Ästhetik als hermeneutische Objekte zu begreifen; zu begreifen wäre, auf dem gegenwärtigen Stand, ihre Unbegreiflichkeit.«[14] Denn »Verstehen selbst ist angesichts des Rätselcharakters (von Kunst, J. H.) eine problematische Kategorie. Wer Kunstwerke durch Immanenz des Bewußtseins in ihnen versteht, versteht sie auch gerade nicht.«[15]

10. Die Zeit der anderen Auslegung

Es gibt ein antikes Marmorrelief, das Orpheus, Eurydike und Hermes darstellt. Im Museo Archeologico Nazionale in Neapel ist es, sofern Erdbeben, herabbröckelnde Dekken, panisch ermüdende Mittagssonne oder Streiks der Museumswärter dem nicht entgegenstehen, zu besichtigen. Und in Neapel hat Rilke es mit der ihm eigentümlichen gleichschwebenden Aufmerksamkeit betrachtet – das Relief, das die getrennten und wiedervereinigten und erneut getrennt Liebenden mitsamt dem Gott zeigt, zu dessen vielfältigen Aufgaben auch die zählt, Gestorbene in den Hades zu geleiten. In diesem einen Ausnahmefall aber sind die Verhältnisse gründlich und zauberhaft verkehrt: Hermes hat einen Lebenden und Liebenden ins Reich der Schatten begleitet, um eine Verstorbene, Besungene und Geliebte daraus zu lösen und ins Reich, da das Licht und das Schöne scheint, zurückzuführen.

Ein solcher Umsturz aller Verhältnisse ist nur als schöner Schein möglich und schon gar nicht auf Dauer zu stellen. Das Licht des Lebens scheint eben nur Eurydike entgegenzuscheinen. Denn Orpheus wendet sich, sein Versprechen brechend und also nachträglich zum Versprechen/r machend, der Geliebten zu. Er, der dem Licht des Lebens am nächsten ist, wirft auf sie, die er doch aus dem Reich der Schatten entführen will, einen, seinen Schatten. Und schon wird Eurydike von Hermes, dessen tödliche Weisheit sich darüber ein sanftes Lächeln nicht versagen kann, ergriffen und erneut ins Schattenreich geführt. Orpheus aber, Eurydike nurmehr halb zu- und also auch schon halb abgewandt, tauscht einen letzten stummen Blick der Trauer mit der Geliebten, die ihm verzeihend und seltsam einverstanden mit jener Trennung von Lieben und Leben, die ihr nun zum wiederholten Male widerfährt, eine Hand auf die Schulter legt.

Und so kann Orpheus erneut die Arbeit der Trauer aufnehmen, die eins ist mit der des Schönen. Die unendliche Arbeit, die der Sänger einmal unterbrach, um dem verrücktesten aller ästhetischen Geschäfte nachzugehen: das Ästhetische transästhetisch zu realisieren, das Schöne so intensiv scheinen zu lassen, daß es – Mignons großen Wunsch erfüllend – werde. »Das geht aber nicht«[1], wie schon Hölderlins *Patmos*-Hymne lakonisch festhielt. Orpheus, der Sänger des Schönen, das nichts ist als des Schrecklichen Anfang, gehört einer anderen Ordnung zu als die schöne Besungene. Das zeigt das Marmorrelief in aller Deutlichkeit an. Denn das tiefe Bild ist von geradezu überflüssiger Oberflächlichkeit, sofern es seine zeitgenössisch und historisch leicht identifizierbare Szene selbst verschriftlicht. Hermes, Eurydike, Orpheus ist, nein: wäre in großen und deutlichen Buchstaben über den drei Figuren zu lesen, wenn der Name des Sängers nicht buchstäblich verkehrt, nämlich spiegelbildlich verdreht wäre.

Unter solchem Vorzeichen steht der Liebende nicht nur der unerreichbaren Geliebten gegenüber, sondern auch dem »Gott des Ganges und der weiten Botschaft«[2], wie es in Rilkes 1904 in Rom nach einem Neapel-Aufenthalt entstandenen Gedicht *Orpheus. Eurydike. Hermes* heißt. Zwischen dem Sänger und dem Gott der Hermeneuten steht, in welcher Reihenfolge man auch immer die Namen lesen mag, eine Frau. Hermes und Orpheus hätten sich nichts zu sagen, wenn es sie nicht gäbe. Zwichen die titelgebenden Namen, die das Gedicht gegenläufig zum Relief anordnet, aber sind nicht etwa Kommata, sondern Punkte gesetzt, die die seltsame Unbezüglichkeit der dargestellten Figuren schon in der Interpunktion anzeigen. Und elementare Unbezüglichkeit ist das Ideal des Problems, dem Rilkes Zeilen zum Ausdruck verhelfen. Eine Unbezüglichkeit überdies, die in der schieren Unmöglichkeit, Leben und Tod zu vertauschen, nicht aufgeht. Was – um noch einmal an Hölderlins lakonischsten Satz zu erinnern – »nicht geht«, oder was, um die Wendung Lacans aufzunehmen, die selbst von vielen seiner Bewunderer nur kopfschüttelnd registriert wurde, »nicht läuft«, ist die hermeneutische Kontinuierung von Sinn, die Metamorphose von Schein und Sein und spezifischer »le rapport sexuel«.

»Le rapport sexuel n'existe pas«[3] – das gilt in aller Eindeutigkeit auch für Orpheus und Eurydike, denen die tödliche Trennung verwehrt, ihre Liebesbeziehung lebend zu erfahren.

> Sie war in einem neuen Mädchentum
> und unberührbar; ihr Geschlecht war zu
> wie eine junge Blume gegen Abend,
> und ihre Hände waren der Vermählung
> so sehr entwöhnt, daß selbst des leichten Gottes
> unendlich leise, leitende Berührung
> sie kränkte wie zu sehr Vertraulichkeit.[4]

Rilkes Lyrik liest Eurydikes Todesverfangenheit als Deckfigur des Umstandes, daß der Schein erfüllter Liebesbeziehung nie anders sein kann als scheinend. Und sie erfindet dafür einen neuen Begriff: die »So-geliebte«.

> Die So-geliebte, daß aus seiner Leier
> mehr Klage kam als je aus Klagefrauen;
> daß eine Welt aus Klage ward, in der
> alles noch einmal da war: Wald und Tal
> und Weg und Ortschaft, Feld und Fluß und Tier;
> und daß um diese Klage-Welt, ganz so
> wie um die andre Erde, eine Sonne
> und ein gestirnter Himmel ging,
> ein Klage-Himmel mit entstellten Sternen –:
> Diese So-geliebte.

Eurydike, diese So-geliebte, wird nun von keinem anderen als vom Gott der Vermittlung ergriffen und erneut in den Hades geleitet. Im tödlichen Geschäft, und nicht etwa in belebender Verschmelzung von Horizonten, findet Hermes, der psychopompos, seine eigentliche Bestimmung. »Sie aber ging an jenes Gottes Hand,/den Schritt beschränkt von langen Leichenbändern.« So und nicht anders, so: als erneut dem Reich des Lebens Entwendete aber liebt Orpheus Eurydike. Die So-geliebte wird derart geliebt, daß sie, die Unerreichbare, eben aufgrund dieser ihrer beziehungslosen Unerreichbarkeit Inzitament einer ästhetischen Verdoppelung der Welt wird. Einer paradoxen Verdoppelung allerdings, einer Verdoppelung, die sich nicht als Fülle, sondern allein als Mangel und Ausdruck von Klage versteht. Einer Klage aber auch, von der sich spätestens seit Monteverdis und Glucks Einfall, die Orpheische Arie »Ach, ich habe sie verloren« in reinstem Dur zu komponieren, herumgesprochen hat, wie schön sie zu sein vermag.

Rilkes Zeilen beschreiben also nichts Geringeres als die Geburt der neueren Dichtung um 1900 aus dem Geist des Zerfalls und Entzugs ihrer Gegenstände. Nun gehört es zum spezifischen Reiz von Rilkes Dichtung, avancierte Einsichten an ältesten Gegenständen, Themen und Motiven zu entwickeln, um sie dann chocartig dem neuesten Stand der Dinge zu konfrontieren. Der neueste Stand der Dinge aber ist um 1900, daß diese sich in ihrer ganzen sei's gefälligen, sei's widerständigen Gegenständlichkeit zersetzen und zerstreuen. Geadezu obsessiv hat Rilkes Zeitgenosse und Konkurrent Hugo von Hofmannsthal diese Erfahrung von Derealisierung immer erneut beschworen. So z. B. im lyrischen *Brief an Richard Dehmel* von 1895, in dem es heißt:

> Wie kann das nur geschehn, daß man so lebt
> Und alles ist, als obs nicht wirklich wäre?
> Nichts wirklich als das öde Zeitverrinnen
> Und alles andere wie nichts: das Wasser,
> Der Wind, das schnelle Reiten in dem Wind,
> Das Atmen und das Liegen in der Nacht,
> Das Dunkelwerden, und die Sonne selbst,
> Das große Untergehn der großen Sonne
> Wie nichts, die Worte nichts, das Denken nichts!
> Kann denn das sein, daß nur soweit ich seh
> Das Leben aus der Welt gesogen ist (...)?[5]

Der Anlaß dieser großangelegten Frage ist klein. Dies alles schreibt ein jüngerer an einen älteren Dichter, um sich für den Erhalt eines Autorenexemplars und also von Geschriebenem zu bedanken. Und so verwundert es vielleicht denn doch nicht allzu sehr, wenn es gleich nach solcher Beschwörung von Entwirklichung zur Feier des Mediums Buch kommt, in dem all das sich finden soll, was aus der Welt verschwand:

> Und nun schickst du mir her
> Ein Buch, so rot wie die Mohnblumen sind,
> Die vielen in den vielen grünen Feldern –
> Ihr Rot ist mir so nichts, und das Erschauern
> Der grünen Felder unterm Abendwind
> Ist mir so nichts – was ist darin vom Leben! –
> Und in dem Buch da ists, da ists, es ist.

Die Neugier des Lesers, was da denn nun im Buch so übereindeutig ist, daß sein schieres Sein gleich dreifache Erwähnung verdient, wird allerdings nicht so recht befriedigt: »Wie kann das wieder sein? Gleichviel. Es ist.« – so die Schlußzeile des Gedichtes, die es damit bewenden läßt, daß es eben so ist, daß es im Buche ist und nicht im Realen.

Wenn das eine Buch der Welt und des Lebens schwindet, müssen ihm die vielen Bücher zu Hilfe kommen, um dieses Schwinden (ver)schwinden zu lassen. Die Literatur seit der Jahrhundertwende und verstärkt die zwischen den Weltkriegen arbeitet mit erstaunlicher Hartnäckigkeit an diesem Projekt: das Schwinden sinnfälligen Seins und Daseins zum Schwinden zu bringen. 1927 wird die Philosophie, Seinsvergessenheit beklagend, der Dichtung, die sie als Verwandte des Denkens wiederentdeckt, dabei zu Hilfe kommen. Zuvor aber und übrigens in ebendem Jahr, da auch *Die Aufzeichnungen des Malte Laurids Brigge* erscheinen, hat eine neue Disziplin die Ordnungen der Diskurse angegeben, die – solchermaßen redend und schreibend – schwindendes Sein supplementieren wollen. »Man könnte den Ausspruch wagen«, so heißt es in *Totem und Tabu*, »eine Hysterie sei ein Zerrbild einer Kunstschöpfung, eine Zwangsneurose ein Zerrbild einer Religion, ein paranoischer Wahn ein Zerrbild eines philosophischen Systems.«[6]

In den *Aufzeichnungen des Malte Laurids Brigge* sind diese Zerrbilder alle mitsamt und als solche thematisch. Und Rilkes Prosa ent-spricht auch in einer weiteren Hinsicht Freuds Feststellungen zur Diskursordnung. Gleich zu Beginn seiner 1910 entstandenen Abhandlung *Über einen autobiograpisch beschriebenen Fall von Paranoia* – den Fall des Gerichtspräsidenten Schreber – schreibt Freud nämlich, daß die Paranoiker »die Eigentümlichkeit besäßen, allerdings in entstellter Form, gerade das zu verraten, was die anderen Neurotiker als Geheimnis verbergen«.[7] Wer aber nicht mehr verrätselt, sondern (wenn auch in verstellter Form) einfach verrät, wie es sich verhält, bedarf keiner Kunst des Verstehens und Verstandenwerdens, sondern einer algorithmischen Technik, der die Rekonstruktion der Entstellungsregeln gelingt. Davon hat Rilkes Prosa, gängigen Vorurteilen über die gefühligen Qualitäten des Buchens zum Trotz, ein hellwaches Bewußtsein. Die *Aufzeichnungen* werden ihrem sachlichen Titel in weiten Passagen vollauf gerecht. Zeichnen sie doch unverrätselten Klartext auf, wenn der nervenkranke Held z. B. lakonisch feststellt: »Der Arzt hat mich nicht verstanden. Es war ja auch schwer zu erzählen. Man wollte einen Versuch machen mit dem Elektrisieren. Gut. Ich bekam einen Zettel: ich sollte um ein Uhr in der Salpêtrière sein.«[8]

Was der Arzt nicht verstanden hat und was keine noch so hermeneutisch subtilisierte Übung des Verstehens einholen kann, ist, daß Malte die und der Welt abhanden gekommen ist. Und was eine Kränkung aller derart auf »Verstehen« fixierten Verfahren darstellt, ist der Umstand, daß die Rückgewinnung verlorenen Seins und Daseins eben nicht verständnisinnig, sondern schlichtweg antihermeneutisch geschieht. So nämlich: Malte wartet in ebender Salpêtrière, in der nur wenige Jahre zuvor Freud bei Charcot hospitierte, darauf, elektrotherapeutisch behandelt zu werden. Um 1910 handelt es sich bei »Versuchen mit dem Elektrisieren« noch um eine maschinell fortentwickelte Form der Galvanotherapie und also um die therapeutische Anwendung dosierten Gleichstroms zur Steigerung der motorischen und neuralgischen Erregbarkeit. 1938 führen dann Cerletti und Bini die mit zerhacktem Wechselstrom Patienten folternde Elektroschocktherapie ein. Solch grauenhafte Körperphysik wird ab 1952 durch die nicht weniger unverständliche biochemische Wende hin zu neuentwickelten Psychopharmaka langsam genug obsolet.

Doch ob Galvanismus, Elektroschock oder Psychopharmaka – mit der Kunst des Verstehens haben alle diese Behandlungsformen gewiß nichts zu tun. Dies wird auch durch das mit äußerster Sachlichkeit beschriebene Szenario deutlich, in das sich Malte, den der Arzt nicht verstanden hatte, alsbald einfindet. Vom Wartezimmer aus »betrachtet (Malte) das alles mit Aufmerksamkeit« und muß doch bald feststellen, daß Hören eher als Betrachten der angemessene Modus der Wahrnehmung dessen ist, was hinter der Wand geschieht, die das Warte- vom Behandlungszimmer trennt:

Die Maschinen dahinter schnurrten so angenehm fabrikmäßig, es hatte gar nichts Beunruhigendes. / Plötzlich aber war alles still, und in die Stille sagte eine überlegene, selbstgefällige Stimme, die ich zu kennen glaubte: / »Riez!« Pause. »Riez. Mais riez, riez.« Ich lachte schon. Es war unerklärlich, warum der Mann da drüben nicht lachen wollte. Eine Maschine ratterte los, verstummte aber sofort wieder, Worte wurden gewechselt, dann erhob sich wieder dieselbe energische Stimme und befahl: »Dites-nous le mot: avant.« Buchstabierend: »a-v-a-n-t«... Stille. »On n'entend rien. Encore une fois:...«[9]

In dem Augenblick, da buchstäblich zerhackte Worte und maschineller Gleichstrom an einen anderen Patienten ergehen und doch auch Malte, der die Ohren nicht verschließen kann, hört, was nicht an ihn adressiert ist, in dem Augenblick also, »da es drüben so warm und schwammig lallte: da zum erstenmal seit vielen, vielen Jahren war es wieder da«. Was da wieder da ist, ist nicht viel, aber doch immerhin ein wenig spezifischer angegeben als in den Zeilen Hugo von Hofmannsthals: »Das, was mir das erste, tiefe Ensetzen eingejagt hatte, wenn ich als Kind im Fieber lag: das Große.«

Malte braucht an die Elektrisier-Maschinen nicht mehr angeschlossen zu werden. Befehlsworte eines anderen an einen anderen, das Summen der Maschinen, denen er entgeht, und Buchstabierübungen erschließen ihm, was verlorengegangen war und was keine hermeneutische Kunst zurückholen konnte. Als geheilt darf er dennoch kaum bezeichnet werden:

Ich kann mich nicht erinnern, wie ich durch die vielen Höfe (der Salpêtrière) hinausgekommen war. Es war Abend, und ich verirrte mich in der fremden Gegend und ging Boulevards... hinauf. (...) Elektrische Bahnen rasten manchmal überhell und mit hartem, klopfenden Geläute heran und vorbei. Aber auf ihren Tafeln standen Namen, die ich nicht kannte. Ich wußte nicht, in welcher Stadt ich war und ob ich hier irgendwo eine Wohnung hatte und was ich tun mußte, um nicht mehr gehen zu müssen.

Solch chocartig zerstückelnder, Sinn und Personalidentität dissoziierender Erfahrung der Moderne kontrastiert der ästhetische Anachronismus, auf dessen Bahnen Malte sich fortan begibt. Malte, der nicht mehr gehen und schon gar nicht mehr einem Veitstänzer folgen möchte, besucht ein Museum. In den imaginären Gesprächen mit Abelone über die Einhorn-Teppiche im Musée de Cluny löst die neurotische Verrätselungsarbeit den paranoischen Klartext der Buchstaben und Maschinen ab und kommt doch zum selben Ergebnis: »daß man von einer Frau nichts sagen könne«[10], weil »es ist, als hätten sie im voraus die Worte vernichtet, mit denen man sie fassen könnte«[11], und weil derjenige, der dennoch verständnisinnig sprechen zu können glaubt, verkennt, daß »mit dem Sagen nur unrecht geschieht«.[12]

Solche Einsichten stehen jedem Universalitätsanspruch der Hermeneutik entgegen. Rilke und Freud sind unverdächtig, technofetischistische Apologeten einer Welt zu sein, in der Maschinen verständige Subjekte ablösen. Und sie sind zu aufmerksam, um die Krise verständnisinniger Subjektivität zu ignorieren. Deshalb steht spätestens mit Freud und Rilke fest, was Verstehen im Zeitalter der Maschinen ist, die dem Buch das Speichermonopol mit größtem Erfolg bestreiten: ein exzentrischer Luxus. Wer wahrhaft sich und andere(s) besser verstehen und begreifen will, als er, sie und es sich selbst verstanden haben, braucht – jede Psychoanalyse stellt das illusionsfrei klar – vor allem zweierlei: viel Zeit und viel Geld. Mit den neuen Speichermedien, die um 1900 das Buch und die klassischen Weisen, mit Sinn und Bedeutung umzugehen, zum schieren und schönen Anachronismus machen, mit *Grammophon, Film (und) Typewriter*[13] ist die »Zeit der anderen Auslegung« angebrochen, die in den *Aufzeichnungen des Malte Laurids Brigge* verheißen und befürchtet wird:

Noch eine Weile kann ich das alles aufschreiben und sagen. Aber es wird ein Tag kommen, da meine Hand weit von mir sein wird, und wenn ich sie schreiben heißen werde, wird sie Worte schreiben, die ich nicht meine. Die Zeit der anderen Auslegung wird anbrechen, und es wird kein Wort auf dem anderen bleiben, und jeder Sinn wird sich wie Wolken auflösen und wie Wasser niedergehen. Bei aller Furcht bin ich schließlich doch wie einer, der vor etwas Großem steht, und ich erinnere mich, daß es früher oft ähnlich in mir war, eh ich zu schreiben begann. Aber diesmal werde ich geschrieben werden. Ich bin der Eindruck, der sich verwandeln wird. Oh, es fehlt nur ein kleines, und ich könnte das alles begreifen und gutheißen. Nur ein Schritt, und mein tiefes Elend würde Seligkeit sein.[14]

Die Zeit der anderen Auslegung ist in einem buchstäblich unverständlichen Übermaße angebrochen. Daß Verstehen heute Grund zur Wut hat, ist angesichts seiner bemitleidenswerten Unzeitgemäßheit nur zu leicht nachvollziehbar. Daß nämlich Zeichen heute im erschlagenden Übermaße nicht produziert werden, um verstanden zu werden, macht jeder elektronisch erstellte Kontoauszug, jeder Buchungsvorgang, jeder milliardenschwere transatlantische Geldverkehr, jede Aktenablage und jeder durch EDV erstellte Text sinnlich gewiß deutlich. Und daß es keinen Hermeneuten gibt, der den jährlichen Buchmessen gewachsen wäre, ist ein so banaler wie gängiger Kritikertopos. Gewachsen sind den unbegreiflichen Zeichenmengen hingegen die neuen Medien und spezifischer die Möglichkeiten der EDV. Hermeneutisches Verstehen aber, um 1800 als universales Mittel der Reduktion unübersehbar werdender Zeichenmassen erfunden, ist heute ein exquisites und zumeist dysfunktionales Epiphänomen.

Geisteswissenschaftler, die lange Wochenenden mit hermeneutischen Symposien verbringen, mögen dazu neigen, die Kunst des Verstehens als so unvermeidbar anzusehen wie die rettungslos unzeitgemäßen und herrlich überflüssigen Disziplinen, die sie vertreten. Diesem Anachronismus und nicht etwa ihrer imaginär-unvermeidlichen Universalität verdankt die Hermeneutik ihren hartnäckigen Charme. Das Verstehen altert wie die Erfahrung mit den Gesprächen und den Büchern.[15] Und es wird, wie diese, zum Luxus und zum schieren Überfluß. Mag sein, daß sich einige Zonen der Welt heute immer mehr Luxus leisten können und das Ende der Kunst des (Miß-)Verstehens deshalb nicht endet.

Welcher Schritt aber das »tiefe Elend« der elektronisch verdateten Welt ebenso unverständlicher wie funktionierender Zeichen in »Seligkeit« verwandeln könnte, steht auf einem anderen Blatt. Wer dessen Schriftzüge entziffern könnte, dürfte sich kaum mehr Hermeneut nennen.

Anhang

11. Die leicht (v)erträgliche Unzeitgemäßheit der Hermeneutik[1]

Ein früher Verdacht

Mein Mißtrauen gegen das doch so freundliche Wort »verstehen« ist alt. Seine Entstehung kann ich einigermaßen genau datieren. Mit einer älteren Tante von schwer zu überbietender Liebenswürdigkeit ging ich als kleiner vorpubertärer Junge ins Kino, um *My fair Lady* zu sehen. Die glänzenden Augen meiner Tante gefielen mir noch mehr als der Film, den ich nicht ganz verstand. Eine Szene aber verstand ich sofort. Die bezaubernde Titel-Schauspielerin sang entrückt davon, wie schön sie die Nacht durch getanzt und wieviel sie sich erlaubt habe, wovon sie sonst geglaubt habe, daß es zu sündhaft wäre. Die von ihrer wohlwollenden Erzieherin weniger schön, aber klar gesungene Antwort auf diesen melodischen Verzückungsanfall wollte und will mir nicht aus dem Kopf: »Ich kann's verstehn, Kind. Es war sehr schön, Kind. Doch nun sei brav und schlaf!«

»Verstehen«, so die klare Botschaft des Musicals, ist ein Schlaf- und Beruhigungsmittel. Und der Versuch, andere zu verstehen und mit ihnen Einverständnis herzustellen, ist eine kluge Herrschaftspraxis. Sympathischer als brachiale Gewalt und Unterdrückung ist diese Herrschaftspraxis gewiß. Kein vernünftiger Mensch wird ernsthaft wollen, daß die Fäuste und nicht etwa die Münder sprechen sollen. Kurzum: Es ist teuflisch schwer, Argumente gegen »Verstehen« und »Verständigung« zu finden. Aber wir wollen es versuchen. Und zwar auf der Grundlage einer schieren, wohl jenem Filmerlebnis zuzuschreibenden Idiosynkrasie – also eines Abwehrgefühls gegen das allzu Selbstverständliche.

Alles, was man zugunsten von Verstehen und Kommunikation sagen kann (und das ist sehr, sehr viel, vielleicht ein bißchen zu viel), sagen ca. 97 Prozent aller Philosophen, Germanisten, Politiker, Gewerkschaftler, Kulturredakteure und und und. Nicht alle aber sagen es so stubtil wie Günter Figal unter dem Titel »Die Doppelbelichtung des Verstehens« in der *Neuen Zürcher Zeitung* vom 15./16. Juni 1996. Nun machen wir einen einfachen Test auf die Plausibilität hermeneutischer Grundannahmen. Hätte ich (erstens) Figals Darlegungen recht verstanden und wäre ich (zweitens) gar mit seinen Überlegungen einig, dann käme zwischen uns kaum eine Debatte über Hermeneutik zustande. Und die *NZZ* müßte ihre Spalten mit Ausgewogenerem als diesen Zeilen füllen. So aber stehe ich vor der schwierigen Aufgabe, mir Argumente gegen Sätze wie diese ausdenken zu müssen: »Verstehen ist immer ein Vermitteln, das seine Mitte finden muß: ein Ausbalancieren zwischen Ablehnung oder Gleichgültigkeit und Vereinnahmung. Deshalb gibt es für das Verstehen auch keine definitiven Lösungen; ob und wie es gelingt, hängt immer davon ab, wie Gemeinsames und Trennendes in ein Verhältnis zu bringen sind.«

Ein wenig zu überzeugend

Gegen solche Sätze fällt mir nichts ein. Außer der Frage, ob das an mir oder an solchen abgrundtief ausgewogenen Sätzen liegt. Wie wahr ist das ein wenig zu Zustimmungspflichtige? Möglicherweise so wahr, wie das ein wenig zu Evidente in Edgar Allan Poes berühmter Geschichte vom »Entwendeten Brief« ein wenig zu evident ist. Geben wir der zu großen Zustimmungspflichtigkeit solcher Sätze ein wenig zu sehr nach und fragen: Was macht man, nachdem die wechselseitige Verständigung und die herrschaftsfreie Kommunikation tatsächlich gelungen ist, wenn (um Figals Worte fortzuspinnen) »Gemeinsames und Trennendes in ein gelingendes Verhältnis« gebracht wurden? Man steht einigermaßen dumm da.

Warum? Weil ebendann, wenn Verstehen und Verständigung gelingen, Verstehen und Verständigung mißlingen. Frisch Verliebte, die in jeder Weise auf (Ver-)Einigung und Wechseldurchdringung aus sind, wissen ein Lied davon zu singen. Wenn sie dumm sind, haben sie sich bald nichts mehr zu sagen. Denn sie haben sich ja immer schon verstanden. Wenn sie ein wenig klüger sind, halten sie sich geradezu rituell an die alte Regel »Was sich liebt, das neckt sich«. Und das heißt: Sie stellen, weil sie sich auch weiterhin etwas mitzuteilen haben wollen, Mißverständnisse lustvoll her. Schon deshalb spricht vieles dafür, daß Diskursanalyse klüger ist als Hermeneutik und Kommunikationstheorie. Wer Dis-kurse analysiert, analysiert differenzbetont, wie zwei und mehr dis-currieren = auseinanderlaufen und ebendeshalb aneinandergeraten. Wer hingegen auf Kommunikation und Verstehen setzt, analysiert vermittlungsselig, wie aus zwei und vielen eins werden und also zugrunde gehen.

In der *NZZ* vom 19. März 1996 hat Peter von Matt Emil Staigers Kunst des Verstehens als »erotische Hermeneutik« charakterisiert. Das ist zutreffend. Freilich gleicht Staigers hermeneutische Verstehenskunst der vergewaltigenden Erotik dessen, für den alle Frauen gleich und nächtens alle Katzen grau sind. Das ist keine Polemik, sondern eine sachliche Feststellung. Steht doch in Staigers *Grundbegriffen der Poetik* tatsächlich der grauenhafte Satz zu lesen, »daß die Größten [gemeint ist: die größten Dichter] im Grunde alle dasselbe sagen«. So schrecklich kann große Liebe zu großen Sprachkunstwerken enden, so elend kann der Wunsch, zu begreifen, was uns ergreift, in Erfüllung gehen, so trostlos kann das Verlangen nach werkimmanenter Interpretation sein Ziel erreichen. Hermeneutik, die antrat, tote Buchstaben zu beleben, führt zur Mortifikation der Werke.

Adornos Antihermeneutik

Die hier idiosynkratisch vorgetragenen Einwände sind so neu nicht. Antihermeneutische Fragen haben unter anderem schon der frühe Schleiermacher (jawohl, ausgerechnet Schleiermacher!), Nietzsche und Adorno gestellt. In den sogenannten Geisteswissenschaften durchgesetzt haben sich ihre tiefen Einsichten in die hermeneutischen Paradoxien nicht. Um so gespenstischere Züge hat der Siegeslauf der Hermeneutik in den letzten 50 Jahren angenommen. Theoriegeschichtlich aufschlußreich ist insbesondere die Volte, die die Kritische Theorie der Frankfurter Schule eingeschlagen hat. Verstehensselige Hermeneutiken und Theorien der kommunikativen Kompetenz, wie Habermas, Apel u. a. sie entwickelt haben, sind nämlich von den auf- und anregenden Kerngedanken der kritischen Theorie Adornos denkbar weit entfernt. Eine Erinnerung an Adornos Antihermeneutik lohnt – nicht nur, weil sie mittlerweile fast gänzlich vergessen wurde.

Adornos Schriften lesend, kann man sich nur wundern, daß eine Theorie der kommunikativen Kompetenz heute auftreten kann, als habe sie irgend etwas mit den Impulsen kritischer Theorie zu tun. Hat Adorno doch in seine Kritik an der Verdinglichung des »Geistes« ausdrücklich und hinreichend polemisch alles Vertrauen in Kommunikation und Verstehen einbezogen. So heißt es in der *Ästhetischen Theorie*: »Kommunikation ist die Anpassung des Geistes an das Nützliche, durch welche er sich unter die Waren einreiht, und was heute Sinn heißt, partizipiert an diesem Unwesen.« Adornos Aufmerksamkeit für die Protestbewegung der sechziger Jahre hatte genau mit deren Mißtrauen gegenüber Kommunikation und Verstehen zu tun. So heißt es in seiner Einleitung zum Positivismusstreit in der deutschen Soziologie: »Den Schein des Solipsismus zeitigt, daß offenbar in der gegenwärtigen Situation nur das noch den subjektivistischen Bann durchbricht, was sich von der allgemeinen

Kommunikationsfreude der subjektiven Soziologie nicht begeistern läßt. Etwas davon scheint seit jüngstem die rebellische öffentliche Meinung zu bekunden, die als glaubwürdig allein das empfindet, was nicht durch die Form der Mitteilung, als ›Kommunikation‹, nach Kulturkonsumenten schielt, denen etwas aufgeschwätzt werden soll.« Adorno weiß, daß die »Warensprache« (Marx) der Code ist, der eigentlich zählt. Deshalb mißtraut er allem Vertrauen in wohlfeile Kommunikation. Adorno ist der Häretiker unter den Philosophen der Moderne, weil er dem modernen Götzen Kommunikation, der sich unbeschadet in die Postmoderne gerettet hat, nicht huldigt.

Adornos fast schon körperliche Abneigung gegen »Kommunikation« und »Verstehen« sitzt tief. So tief, daß sie auch aus der Abneigung gegen Argumente und also gegen den Kern jeder anständigen Kommunikation kein Hehl macht. »Die Aufforderung, man solle sich der intellektuellen Redlichkeit befleißigen, läuft meist auf die Sabotage der Gedanken heraus. Ihr Sinn ist, den Schriftsteller dazu anzuhalten, alle Schritte explizit darzustellen, die ihn zu seiner Aussage geführt haben, und so jeden Leser zu befähigen, den Prozeß nachzuvollziehen und womöglich – im akademischen Bereich – zu duplizieren. Das arbeitet mit der liberalen Fiktion der beliebigen, allgemeinen Kommunizierbarkeit eines jeden Gedankens.« Eine herrlich skandalöse Formulierung aus den *Minima moralia*. Mit ihr läuft Adorno in alle offenen Messer des akademischen Philosophiebetriebs.

Aber noch diese schroffe Anti-Argumentation läßt sich mit Argumenten rechtfertigen. Und gleich zweifach: Erstens sind Argumente immer auch unfein. Sie lassen Takt vermissen. Nötigen sie doch den, an den sie adressiert sind, zur Zustimmung. Kunstwerke hingegen verzichten, wie man spätestens seit Kants *Kritik der Urteilskraft* weiß, auf Zustimmungszwang. Ihr Grundgestus ist der der »desinvolture« (der Ungezwungenheit – ein Lieblingswort Adornos). Zweitens sind Argumente, weil sie auf Akzeptanz hin organsiert sein müssen, automatisch dümmer als etwa idiosynkratische ästhetische Urteile, die sich, da sie ja nicht stimmen, wohl aber in sich stimmig sein müssen, Ignoranz auch gegenüber höheren Banalitäten (an welche hat der Autor dieser Zeilen wohl gedacht?) leisten können.

Nichts ist unplausibler als die gängige pseudoargumentative Rede von den kommunikativen und hermeneutischen Leistungen der Kunst(werke). Wie ein roter Faden zieht sich durch Adornos 1970 posthum erschienene *Ästhetische Theorie* die Einsicht, daß Kunstwerke in dem Maße, in dem sie geglückt sind, geradezu lustvoll den Götzen Kommunikation und die »Wut des Verstehens« (Schleiermacher) sabotieren. »Daß große Künstler, der Goethe des Märchens und Beckett gleichermaßen, mit Deutungen nichts zu schaffen haben wollen«, ist Adorno zufolge keine persönliche Absonderlichkeit. Denn »Kunstwerke sind nicht von der Ästhetik als hermeneutische Objekte zu begreifen; zu begreifen wäre, auf dem gegenwärtigen Stand, ihre Unbegreiflichkeit«. Adornos *Ästhetische Theorie* tritt deshalb in strikter Gegenführung zu der hermeneutischen Tradition an, die mit Gadamers 1960 erschienenem monumentalen Werk *Wahrheit und Methode* einen triumphalen und wirkungsmächtigen Höhepunkt fand. »Verstehen ist angesichts des Rätselcharakters [von Kunst(werken)] eine problematische Kategorie. Wer Kunstwerke durch Immanenz des Bewußtseins in ihnen versteht, versteht sie auch gerade nicht, und je mehr Verständmis anwächst, desto mehr auch das Gefühl seiner Unzulänglichkeit, blind in dem Bann der Kunst, dem ihr eigener Wahrheitsgehalt entgegen ist.«

Wer sich verständlich machen und erfolgreich kommunizieren will, sollte nicht wie Hölderlin dichten, wie Schönberg komponieren oder wie Klee malen. Daß große Kunstwerke Kommunikation unterbrechen und Verstehensanstrengungen blamieren, macht gerade ihren Wahrheitsgehalt aus. Wer diese und viele andere Paradoxien ignorieren möchte, ist bei hermeneutischen Überlegungen gut aufgehoben. Hermeneutik entschärft und beruhigt. Der Preis dafür ist gelegentlich die Mortifikation der Werke, die allem allzu Selbstverständlichen mißtrauen. Seit Freud sollte feststehen, daß wirklich anspruchsvolles Verstehen (noch der kleinsten Fehlleistung) mehrere Jahre Zeit und ca. 100 000 DM kostet. Die Hermeneutik verspricht ein schnelleres und billigeres Verständnis ganzer Epochen. Das Verschmelzen weit entfernter Horizonte gibt es gratis dazu – hat es doch »immer schon« statt. Der diskrete Charme der Hermeneutik besteht heute in ihrer leicht (v)erträglichen Unzeitgemäßheit.

12. Schwarze Lettern auf flimmernden Mattscheiben

Literaturkritik im Fernsehen[1]

»Hatte bei groß und mit viel Trara anberaumtem TV-Dings zunächst gedacht, daß es especially um mich und meine mir selbst zum Geburtstag spendierten Bücher gehen würde, aber dann handelte es sich weder um dies noch um das, sondern um das geist- und besinnungslose Arrangement von Stellwänden, Inserts, Titeln, Prospekten, Bücherstapeln. Die zusammen mit mir in Batterie anstehenden Dichter/innen... auch nur als sozusagen Blindbände hin- und hergestöpselt, ein zeit-, kraft- und nervenverschlingender Spuk, mit dem einzigen erkennbaren Sinn, das Medium für paar Minuten am Glimmen und die Apparatschiki am Leben zu halten.« In seinen reiferen Jahren (die Notiz aus dem Tagebuch mit dem schönen Abkürzungstitel *Tabu* stammt aus den Tagen um seinen 60. Geburtstag) gelingen Peter Rühmkorf tiefe medienanalytische Einsichten. Eine Fernsehsendung ist und bleibt eine Fernsehsendung – auch wenn sie so tut, als ginge es ihr um Literatur. Oder zumindest um (einen, um den einen) Literaten. Was deren (oder dessen) notorischem Narzißmus ja entgegenkäme. In Rühmkorfs schön gereihten Worten: »...um mich und meine mir selbst... spendierten Bücher«.

Aber darum kann es dem Fernsehen nicht gehen. Zwar sind, nach McLuhans klassischer Einsicht, die Inhalte neuer Medien, wenn sie denn noch wirklich neu sind, zumeist alte Medien. Die ersten Rundfunksendungen brachten Ansprachen oder Übertragungen von Gottesdiensten; die ersten TV-Sendungen wiederum Reden, Goethes *Faust*, Filme oder Pfänderspiele. Dinge also, die es schon vor dem TV gab. Doch diese Einfallslosigkeit verschwindet schnell. Erst wenn Medien, die einst neu waren, ihrerseits alt werden, erinnern sie sich ihrer Anfänge. Und so wendet sich das Fernsehen in den letzten Jahren mit bemerkenswerter Intensität wieder der Literatur zu. Genauer: der Literaturkritik.

Auffallend an dieser Zuwendung ist zumindest dreierlei. *Erstens* ist dieses TV-Interesse an der Literatur die Zuwendung des generösen Siegers. Das Fernsehen feiert seinen Sieg über die Lettern, die es erfolgreich an den exzentrischen Rand der neuen Medien-Galaxis gedrängt hat. Es inszeniert sich als großzügiger Sieger, der weiß, daß es einfach albern und falsch wäre, auf das Ende und das definitive Aus für das alte Unterhaltungsmedium Literatur zu setzen. Neue Medien haben alte noch nie einfach abgeschafft. Wohl aber haben sie ihre Funktion entschieden verändert. *Zweitens* ist unübersehbar, daß sich das Fernsehen über Literatur lustig macht. Unweigerlich wirkt die zerfurchte Miene oder der engagierte Blick des Redakteurs einer Literatursendung, der Geschriebenes noch ernst zu nehmen scheint, wie die eines Kabarettisten. Die wirkungsmächtigsten TV-Sendungen über Literatur sind deshalb auch diejenigen, die wie *Das literarische Quartett* darüber feixen, daß es überhaupt noch schwarze Lettern gibt. Sie machen kein Hehl daraus, daß Literaturkritik objektlos und selbstbezüglich geworden ist. Und ebendiese Referenz- und Objektlosigkeit ist die *dritte* Auffälligkeit von Fernsehsendungen, die so tun, als interessierten sie sich für Literatur: sie lassen sie nicht zu Wort kommen. Aus den kritisierten Werken zu zitieren, sie in die Hand zu nehmen, aufzuschlagen, aus ihnen vorzulesen oder gar einen Absatz so einzublenden, daß er für den Zuschauer lesbar wäre – das ist das teils offen untersagte, teils implizite Tabu der TV-Literatursendungen.

Statt auf Literatur beziehen sich Literatursendungen manchmal auf Literaten (wie sie wohnen, essen, reisen, lieben und leben) und so gut wie immer auf Literaturkritik. Also darauf, daß dieser Autor den Klagenfurter Preis zugesprochen bekam, daß jener Kritiker dieses Werk verrissen hat, daß die Bestenliste von Xyz zu anderen Plazierungen gekommen ist als die von Zyx. Und so ist die sich ausschließlich auf Literaturkritik beziehende TV-Literaturkritik die Vollendung des televisionären Interesses an Literatur. Dafür inkompetente, narzißtische, ungebildete Redakteure und Kritiker verantwortlich zu machen wäre aber grundfalsch. Selbst ein Lyriker wie Peter Rühmkorf interessiert sich, wenn er Literatur-fernsieht, nicht für Literatur, sondern für Kritiker. Und die können sogar klug und sympathisch sein: »Im Fernsehen (Reportage über Dichterwettstreit Klagenfurt) zum ersten Mal Peter von Matt und Peter Demetz bei der Arbeit beobachtet. Fand sie eigentlich ganz nett und gebildet, aber dann loben sie wieder jeden Eintagsfliegenschiß und erfreuen sich an gut ausgebildeten Krankheitsbildern wie an literarischen Edelstrukturen. Im Grunde sind es narzißtisch in ihr eigenes Handwerk verliebte Hermeneutiker, die für Kunst halten, was sie selbst mit viel Kunst ans Licht bringen.«

Nicht alle TV-Literaturkritiker taugen zum Feindbild für Literaten. Ab und an taucht selbst im *Literarischen Quartett* ein Gast auf, der noch weiß, was sich im Gespräch mit Damen schickt, dem der dort produzierte referenzlose Noise ersichtlich peinlich ist und der noch Reden über Literatur vom beliebigem Geschrei einer *Der-Preis-ist-heiß*-Sendung unterscheiden kann. Einige TV-Literaturkritiker sind sogar um die Erkenntnis von Literatur ernsthaft bemüht. Wenn selbst sie dem medialen Sog nicht entgehen, der dafür sorgt, daß ihre oral-sekundäre Kunst die primäre Kunst des Arrangements von Buchstaben zu schöner Literatur überstrahlt, so muß dies zu denken geben. Die Mesalliance von TV und Literatur hat tiefere Gründe. Diese Gründe sind aber (wie der gestohlene Brief in E. A. Poes berühmter Erzählung) so offensichtlich, daß sie häufig übersehen werden. Literatur besteht bekanntlich aus ca. 26 Lettern, die von unermüdlichen Dichtern mit immer neuen Kombinatoriken zu immer neuen Werken verschaltet werden. Zu den schwarzen Buchstaben aber kann das audiovisuelle Medium Fernsehen kein

Verhältnis entwickeln. Fernsehen und Literatur verhalten sich zueinander wie Fisch und Fahrrad.

So wie die Einrichtung eines Rundfunkballetts ersichtlich und unüberhörbar Unsinn wäre, so paßt Literatur nicht in den medialen Rahmen der Television – wohl aber objektlose Literaturkritik(er). Denn Fernsehen ist, wie sein Name schon anzeigt, eine primär visuelle Veranstaltung. Auch Töne spielen im Fernsehen eine gewisse Rolle. Nicht aber Buchstaben, Lettern, Literatur. Der französische Philosoph Jacques Derrida hat eindrucksvoll analysiert, wie stark die suggestive Kraft der Rede, des gesprochenen Worts, der Phoné ist. Wer sich-sprechen-hört, realisiert stets die Grundfigur der Selbstaffektion und der Selbstbezüglichkeit, ohne die es selbstbewußte Subjekte nicht gäbe. Literatur ist hingegen eine Sache der Schrift. Sie exzentriert. Wer liest, sieht (so er kein schreibender Autor ist) sich nicht schreiben, sondern liest eben, was da »aus Fernen, aus Reichen« (Gottfried Benn) geschrieben zu ihm kommt und doch nie seinen Bestimmungsort erreicht.

Diese buchstäbliche Exzentrierung wahrnehmen zu müssen ist der Horror, den abzuwehren die TV-Literaturkritik erfolgreich antritt. Die TV-Literaturkritik ist die Rache der visuell suggestiv unterstützten Selbstbezüglichkeit des Sich-sprechen-Hörens an der exzentrischen Kraft der Schrift und der Belles lettres zumal. Um noch einmal aus Rühmkorfs *Tabu* zu zitieren: »Auffällig auch diesmal wieder seine [Reich-Ranickis] Nervosität, wenn ein Gesprächsfaden sich eigentlich abgespult hat und er für Sekunden die eigene Stimme nicht mehr hört. Als im Taxi kurzfristig Ruhe eingekehrt war und er offenbar meinte, die Welt habe aufgehört zu existieren: ›Hhhhmmmmmm – jääääää – ja – ja – ja – ja – mein Lieber – sagen Sie –‹ (dazu automotorisierendes Schenkelgeklopfe und Fingergetrommel auf dem heftig resonierenden Handschuhfach) –, aber es stand offenbar gar kein dringlicher Gedanke dahinter, nur eine unspezifische Wortergreifungsautomatik.«

In der Gestalt des TV-Literaturkritikers triumphiert die vermeintlich lebendige Rede über den vermeintlich toten Buchstaben. Auf daß das uralte Wort auch postmodern Bestand habe, das da lautet: »Der Buchstabe tötet, der Geist aber machet lebendig« (2. Korinther 3,6). Im TV-Literaturkritiker triumphiert noch einmal das Phantasma des selbstbewußten Subjekts, das sich sprechen hören und nicht von schwarzen Lettern bannen lassen möchte. Dieser Triumph ist um so großartiger, je weniger sich der TV-Kritiker von Geschriebenem irritieren läßt.

Deshalb darf, kann und muß der TV-Literaturkritiker auftrumpfen. Wer eine literaturkritische Fernsehsendung sieht, interessiert sich endlich wieder dafür, wer wem zuerst ins Wort fällt, ob die Farbe der Socken des Kritikers zu der seiner Krawatte paßt und wen Gott mit der mächtigeren Stimme gesegnet hat. Kurzum: wer's wem wie gegeben hat. Der TV-Literaturkritiker teilt aus. »Austeilen« ist ein seltsames Wort. Denn es meint das schiere Gegenteil seines Buchstabensinns. Wer austeilt, verteilt eben nicht eigene reiche Gaben an andere. Aber er sorgt für übersichtliche Verhältnisse. Die Funktion der TV-Literaturkritik ist die denkbar banalste: sie selegiert. Aus dem Wörtersee fischt sie jene Titel heraus, die deshalb zählen, weil sie sie herausfischt. Souverän ist, wer sich sprechen hört und so tun kann, als spräche er über anderes als über sein Sprechen – z. B. über Literatur. Im Fernsehen geht es immer ums Fernsehen. Auch wenn es um die Literatur geht. In der Literaturkritik geht es immer um die Literaturkritik. Auch wenn es um die Literatur geht. Deshalb können das Fernsehen und die Literaturkritik eine so unschlagbar komische Symbiose bilden.

13. Literaturpapst oder Dorfrichter Adam?

Die unendliche Seichtigkeit der Literaturkritik[1]

Mut hat er. Und souverän ist er. Zu seinem 75. Geburtstag hat Marcel Reich-Ranicki nicht so sehr sich, sondern seinen zahlreichen Kritikern ein reizvolles Geschenk gemacht. Denn er hat der Veröffentlichung von Briefen zugestimmt, die Schriftsteller, Kritikerkollegen und Literaturprofessoren an ihn gerichtet haben.[2] Sein Plazet aber hat er eben nicht nur zur Publikation von Briefen gegeben, die Wendungen enthalten wie: »1000 Grüße vor die Füße – Ihre Sarah [Kirsch]« oder: »daß Sie ein weitaus besserer Kritiker sind als die überwältigende Mehrzahl der anderen derzeit tätigen Kritiker« (Robert Neumann) oder: bin »fasziniert von Ihrer turbulenten und temperamentvollen Persönlichkeit« (Joseph Breitbach).

Mit respektgebietender Souveränität hat Reich-Ranicki, der »jetzt [Horst Bienek am 10. November 1981] in solchen Höhen der Macht« ist, auch dem Abdruck von Zeilen zugestimmt, die ihm wenig Freude bereitet haben dürften. Nicht alle dieser Zuschriften disqualifizieren sich selbst so wie die von Günter Seuren, der am 21. Dezember 1968, offenbar vorweihnachtlich milde gestimmt, schreibt: »Es gibt zu viele Kritiker, die mit dem Gehirn scheißen.« Beachtens-, wenn auch nicht unterhaltenswerter sind Zuschriften wie die von Erich Fried, der am 14. November 1979 schreibt: »du dürftest nicht so böse, so existenzvernichtend losschlagen.« Und von wirklicher Größe zeugt die Bereitschaft, auch Zuschriften zu veröffentlichen, die ins Zentrum des Problems einer Literaturkritik treffen, wie Reich-Ranicki sie betreibt.

Kein anderer als Günter Grass hat sie, dreizehn Jahre vor dem Streit über seinen Roman *Ein weites Feld*, auf den Punkt gebracht. »Jener Marcel Reich-Ranicki, den ich 1958 in Warschau kennenlernte, war, wann immer er über Literatur sprach..., geprägt von den Normen des sozialistischen Realismus. Und diese aus der Zeit des Stalinismus herrührende Verengung der Literatur bestimmt ihn auch heute noch, sosehr er sich außerhalb oder im Gegensatz zur leninistisch-stalinistischen Ideologie sehen mag« (Günter Grass am 27. Januar 1982). Grass hat recht. Reich-Ranicki ist in aestheticis (und selbstredend »nur« in aestheticis) immer Stalinist geblieben. Auf den Inhalt und die Gesinnung kommt es an. Ansonsten entscheidet die Machtfrage. Daß Böll nicht unbedingt der bedeutendste unter den Nachkriegsschriftstellern war, wissen nicht nur die Korrespondenten von MRR. Er ahnt es selbst. Aber der Kritiker hat eben selbst einmal eine Prosa geschrieben, die der von Böll nicht unähnlich ist. *Eine sehr sentimentale Geschichte* – so lautet der angemessene Titel der (nach wiederum souveräner Selbstcharakterisierung) »schlechten Prosa«, die MRR 1958 zu Papier brachte (und die in Hages/Schreibers Reich-Ranicki-Biographie erstmals abgedruckt wird). Selbstkritik hin, Selbstkritik her: wo kämen wir denn hin, wenn Formalisten und Avantgardisten wie Arno Schmidt oder Paul Celan und eben nicht ein sentimentaler Realist wie Heinrich Böll den Literaturnobelpreis erhalten hätten...

Diese Briefsammlung ist eine Literatur- und Kulturgeschichte der BRD in nuce. Was gewissermaßen nebenbei abfällt – z. B. an Mitteilungen und Erinnerungen an Thomas Mann oder Hugo von Hofmannsthal –, lohnt allein schon die Lektüre. Der von Jochen Hieber herausgegebene und ebenso knapp wie präzise kommentierte Band dokumentiert eine über alle TV-Literarische-Quartett-Oralitäten hinweg erhalten gebliebene feine Korrespondenz-Kunst. Daß MRR der Adressat solch wohlformulierter und kluger Zeilen ist, spricht allein schon für ihn. Auch die recht bieder verfaßte MRR-Biographie von Volker Hage und Mathias Schreiber[3] macht immerhin deutlich, daß ein abenteuerliches Herz und ein eher heißer als aufgeklärter Kopf zum deutschen Literaturpapst gehören.

Kurzum: das Phänomen MRR mit all seiner an den Common sense verschwendeten Vitalität, Präsenz und Kampfeslust verdient hohe Aufmerksamkeit und Achtung. Leider aber hat sich der Mann von so reichen Gaben auf ebendas Geschäft kapriziert, für das er nicht so recht qualifiziert ist: die Literaturkritik. Gegen die von Reich-Ranicki vertretene Form der Literaturkritik spricht schlicht, daß sie weit unter den Erkenntnis-Möglichkeiten bleibt, die Kritiker wie Lessing, Friedrich Schlegel oder Walter Benjamin eröffnet haben. Man traut es sich kaum zu schreiben – aber zarte Andeutungen bei Hage/Schreiber und ein spät erst publizierter Brief von Thomas Mann an den späteren Kritiker Reinhard Baumgart machen mir Mut zur Hoffnung, das Folgende möge nicht nur verspottet werden.

Die Andeutung bei Hage/Schreiber: MRR, der 1938 in Berlin Abitur machte und noch im selben Jahr ins Warschauer Ghetto deportiert wurde, habe nie Literaturwissenschaft studieren können und darunter möglicherweise auch gelitten. »Zum Studium wurde Reich nicht zugelassen (erst Jahrzehnte später sollte er – 1961 in Göttingen – einen deutschen Hörsaal von innen sehen: als Dozent).« Und der bemerkenswerte Brief aus dem letzten Lebensjahr des von Reich-Ranicki bewunderten Großschriftstellers mit demselben Alma-mater-Komplex an den Thomas-Mann-Doktoranden Reinhard Baumgart: »Merkwürdig, ich habe eine ganze Sammlung solcher akademischer Arbeiten [wie Baumgarts Dissertation über *Das Ironische bei Thomas Mann*], und eine ist immer besser als die andere, eine sticht immer entschiedener als die andere die landläufige öffentliche Kritik aus.«

So merkwürdig ist das nun auch wieder nicht. Wer eine Metapher von einer Metonymie (Beispiel: »Grass lesen« statt den neuen Roman von Grass lesen) unterscheiden kann, wer mit den Begriffen ›Rollenprosa‹ und ›Erzählperspektive‹ vertraut ist, wer einen Topos oder eine Allegorie erkennt und wer Allusionen auf Stoffe und Motive zu identifizieren vermag, ist dem Geschäft der Literaturkritik vielleicht doch eher gewachsen als jemand, der ernsthaft meint, ›gut‹ und ›schlecht‹ sowie ›spannend‹ und ›langweilig‹ seien der literaturkritischen Grundbegriffe genug. Wenn ein Buch und ein Leserkopf zusammenstoßen und es hohl klingt, so muß das nicht immer am Buch liegen. Es gibt auch dumme Lektüren und tertiären Analphabetismus.

Franz-Josef Czernin[4] ist ein Poeta doctus. Möglicherweise mehr doctus als Poeta, wie seine Auseinandersetzung mit den wenigen und schlichten Prämissen von MRRs Literaturkritik demonstriert: Literatur soll welthaltig-realistisch, aufgeklärt, engagiert und unterhaltend sein. Und der Literaturkritiker soll der Anwalt der Leser sein. Soso, wer hätte das gedacht. Ein Literaturkritiker, der sich solchen Prämissen verpflichtet fühlt, ist nicht sonderlich gefährdet, unpopulär zu werden. Czernin charakterisiert deshalb Reich-Ranicki gleich mehrfach mit einer zutreffenden und doch hochproblematischen Wendung: als »Bruder Reich-Ranicki«. Zutreffend ist sie, weil MRR in der Tat nur polemischer und pointierter ausdrückt, was »wir alle«, wenn wir uns nicht sonderlich Mühe geben (also fast immer), immer schon über Literatur gedacht haben. Hochproblematisch ist die Wendung vom »Bruder Reich-Ranicki«, weil sie überdeutlich auf Thomas Manns großartigen, weil zumutungsreichen Essay »Bruder Hitler« anspielt.

Im *Spiegel* wurde Marcel Reich-Ranicki gar als »furchtbarer Kunst-Richter« charakterisiert. Das ist einfach nur infam. Franz-Josef Czernin ist nur ein wenig subtiler. Er erkennt im Literaturpapst den »Bruder Reich-Ranicki«, weil dieser Papstbruder genau den Common sense bedient, den geglückte Literatur untergräbt. Dennoch eröffnet die Wendung vom »Bruder Reich-Ranicki« die falschen Assoziationsräume. MRR ist kein furchtbarer Kunst-Richter, sondern der Dorfrichter Adam der Literaturkritik: so temperamentvoll und liebenswert wie dieser und mit der Literatur (um von Literaturtheorie gnädig zu schweigen) so intim vertraut wie Adam mit der Jurisprudenz. Kleists Dorfrichter kennt seine Pappenheimer Eva, Frau Marthe und Ruprecht. Reich-Ranicki kennt seine Leute mitsamt ihren Schwächen – besser als ihre Bücher. Sein kritisches Leitschema »Leben und Werk« ist nicht sonderlich originell, aber unterhaltsam wie alle Indiskretion. Und die Leitfrage, ob einem die ganze Richtung paßt oder nicht, ist nicht sonderlich komplex, aber sie sorgt für Zoff. Reich-Ranicki hat mit seinen literaturkritischen Optionen dafür gesorgt, daß es im Feuilleton häufig so zugeht wie in der Johannisnacht im Nürnberg der Meistersinger.

Dorfrichter Adam ist eine so faszinierende Erscheinung, weil er ernsthaft wie ein narzißtisches Kind glaubt, die Gesetze seien nur für ihn geschrieben. Der »liebe Marcel« ist und bleibt der erste Literaturkritiker, weil er trockenen Auges glaubt und erfolgreich glauben macht, Literatur sei ausschließlich dazu da, ihm zu gefallen. Dieser Dorfrichter hat es zum Gerichtspräsidenten auf dem Parnaß gebracht, auf dem Revisionen immer möglich sind. Herzliche Glückwünsche!

14. Wunderlicher Bruch

*Anmerkungen zur Debatte um Paul de Man
in Deutschland*[1]

Am 13. April 1919 notierte Thomas Mann am Schreibtisch seiner Münchner Villa einen trostlosen Satz in sein Tagebuch: »Den vorläufigen Sturz der Räte-Regierung begrüße ich ... Ich hätte nichts dagegen, wenn man sie [die Burschen aus der Räte-Regierung] als Schädlinge erschösse, was man aber zu thun sich hüten wird.« Diese Notiz ist keine peinliche Fehlleistung, die entschlossene Thomas-Mann-Bewunderer ein wenig irritiert überlesen können. Denn das, was in diesem Satz als Affekt erscheint, verdichtet sich in den Eintragungen der folgenden Tage zum insistenten Wunsch: »Wir [Katja und Thomas Mann] sprachen auch von dem Typus des russischen Juden, des Führers der Weltbewegung, dieser sprengstoffhaften Mischung aus jüdischem Intellektual-Radikalismus und slawischer Christus-Schwärmerei. Eine Welt, die noch Selbsterhaltungsinstinkt besitzt, muß mit aller aufbietbaren Energie und standrechtlicher Kürze gegen diesen Menschenschlag vorgehen.« Thomas Manns mörderischer Imperativ ging bald in Erfüllung. Am 5. Mai erfährt er, »daß standrechtlich nicht übel ›aufgeräumt‹ werde, was gewiß nicht zu beklagen. Katjas Mutter geht es schon wieder zu ›militärisch‹ zu, aber ich bin voller Einverständnis.«

Eben in den Tagen, da diese grauenhaften Sätze zu Papier gebracht werden, arbeitet der spätere Nobelpreisträger an seinem humanistischen Bildungsroman, dem *Zauberberg*. Nun sind selbst die simpelsten Kritiker nach der Veröffentlichung dieser Tagebuchnotizen nicht auf die Idee verfallen, künftig von der Lektüre des *Zauberbergs* abzuraten, da die Sätze dieses Romans doch aus derselben Feder geflossen seien wie die des Tagebuchs und also nichts taugen könnten. Anders im Fall Paul de Man: Weil der dreiundzwanzigjährige de Man in der belgischen Kollaborationszeitung *Le Soir* vom 4. März 1941 einen schrecklichen und durch keine interpretatorische Anstrengung zu rettenden Artikel über »Die Juden in der zeitgenössischen Literatur« veröffentlicht hat, kann es demnach nicht sein, daß sein späteres Werk Lesenswertes enthalte. (Hans-Thies Lehmann hat im *Merkur* – Nr. 472, Juni 1988 – diesen reflexiven Kurzschluß dargelegt und kritisiert.) Irgendwie haben die Kritiker es ja schon immer geahnt: Wer neufranzösisch denkt, wer Überlegungen des (nur in Deutschland allgemein so genannten) »Poststrukturalismus« aufgreift, wer wie Paul de Man in den USA »dekonstruktives« Denken gar plausibel und (nicht nur) akademisch erfolgreich verbreitet, dem ist nicht über den Weg zu trauen. Die langsam lästig werdende Mode »dekonstruktiven« Denkens kann nun endlich mit Hinweisen *ad hominem* erledigt werden.

Freilich ist bei nur einigermaßen wacher Lektüre ein geradezu grotesker Widerspruch in de Mans nunmehr berühmtestem, weil berüchtigtstem Text schlechterdings unübersehbar. Der Aufsatz, der so trostlos zynisch, desaströs und in der Tat faschistisch mit der Wendung schließt, »daß eine Lösung der Judenfrage, die die Schaffung einer Judenkolonie außerhalb Europas ins Auge faßte, für das literarische Leben des Abendlandes keine beklagenswerten Konsequenzen hätte« – ebendieser knappe Aufsatz hat zuvor einige beispielhafte Autoren benannt, die die »mehr als 100 Jahre alte realistische Ästhetik vertiefen« und also produktiv das »Leben des Abendlandes« vorantreiben. Wen? Etwa Ernst Jünger, Knut Hamsun, Céline, Baldur von Schirach? Nein: »Gide, Kafka, Hemingway, Lawrence«. Also einen homosexuellen *Décadent* voller Sympathien für den Kommunismus, den jüdischen Avantgardisten der Literatur des 20. Jahrhunderts schlechthin, den berühmtesten unter allen republikanischen Spanienkämpfern und einen berüchtigten Pornographen.

De Mans Text ist grauenhaft – und brüchig. Die vorurteilsfreudige Nicht-Aufmerksamkeit seiner Kritiker aber liest diesen erschreckend brüchigen Text als bündiges Ganzes; denn so bestätigt dieser Text, was man immer schon ahnte: daß die dekonstruktive Form einer Dialektik der Aufklärung nicht geheuer ist. In einem minuziösen Essay in *Critical Inquiry* (Nr. 2, 1988) hat Jacques Derrida unter dem Titel »Paul de Man's War« solch kritische Aufmerksamkeit gepflegt: Dieser hellwachen, gleichschwebenden Aufmerksamkeit ist (anders als dem vorurteilsdumpfen Stumpfsinn) nicht entgangen, daß die von Paul de Man »gewählten Beispiele... in diesem Kontext hochgradig verwirrend sind«. Und dennoch oder gerade vielmehr deshalb hat Derrida die »*unverzeihliche* Gewalt« der folgenden Sätze vorbehaltlos und also überzeugend kritisieren können.

Solche Brüche aber fallen dem deutschen Kritiker erst gar nicht auf. Und deshalb braucht er sie weder zu analysieren noch auszuhalten. Allen Bloom hat diese Methode in seiner Brandschrift *Der Niedergang des amerikanischen Geistes* in aller Ausführlichkeit demonstriert. Danach hat die an amerikanischen Universitäten erfolgreiche Philosophie in der Nachfolge Nietzsches dafür gesorgt, daß die guten alten amerikanischen Werte gründlich zersetzt oder eben »dekonstruiert« wurden. Intellektuelle Emigranten überbordeten »God's own country« mit Psychoanalyse, universalistischer Relativitätstheorie, Strukturalismus sowie »Dekonstruktion« und sorgten so für elementare Krisen bei allen Versuchen einer geistig-moralischen Führung. Ganz zweifellos zählt der Paul de Man, der ein anderer geworden ist, zu diesen »Zersetzern«. Denn er hat in den Vereinigten Staaten Derridas argumentative Radikalisierung von Nietzsches Nihilismus, von Freuds Exzentrierung des Subjekts, von Heideggers Destruktion der Grundkategorien abendländischer Metaphysik und des semiologischen Strukturalismus in wenigen, aber geradezu verblüffend nachvollziehbaren literaturwissenschaftlichen Studien (fast) populär gemacht. An Grundimpulse dieses Denkens möchte die folgende Skizze erinnern.

Wer rede, ist nicht tot

»Höchstes Glück der Erdenkinder/Sei nur die Persönlichkeit.« Ein griffiges Wort. Ein Wort der indirekten Rede aber auch. Ein Goethewort zumal, das zum unverzichtbaren Zitatenschatz derer gehört, die gestern wie heute an die Gültigkeit und Kraft bildungsbürgerlicher Konzepte wie Vernunft, Sinn und Individualität glauben. Doch dieser Glaube hat einen Preis. Die noch harmloseste Form dieses Preises ist philologische Unkorrektheit – nämlich die Unterschlagung der Wendungen, die diesem geflügelten Wort alsbald folgen:

> Kann wohl sein! so wird gemeinet;
> Doch ich bin auf andrer Spur:
> Alles Erdenglück vereinet
> Find' ich in Suleika nur.
>
> Wie sie sich an mich verschwendet,
> Bin ich mir ein wertes Ich;
> Hätte sie sich weggewendet,
> Augenblicks verlör' ich mich.

Diese »andere Spur« des Denkens hat es in Deutschland stets schwer gehabt. Trotz oder wegen Nietzsche und Heidegger. Denn sie gelten aus politisch nur allzu leicht nachvollziehbaren Gründen als Denker, die das Projekt einer Aufklärungs-, Vernunft- und Subjektivitätskritik zugleich begründet und desavouiert haben. Ausgerechnet diese Philosophen aber haben – zur Irritation vieler deutscher Intellektueller – in Frankreich und eben auch in den Vereinigten Staaten eine anhaltende Konjunktur. An die Ariadnefäden ihres Denkens knüpft auch der 1930 geborene und seit den sechziger Jahren in Paris und den USA lehrende Philosoph, Essayist,

Semiologe und Literaturtheoretiker Jacques Derrida an.

Schon diese Zusammenstellung verrät, daß Derridas Denken sich kaum klassifizieren läßt. Indem es die unterschiedlichsten Disziplinen miteinander in Berührung bringt, bricht es mit der cartesianischen Tradition reinen Denkens. Derrida arbeitet unablässig an einer Kritik der unreinen Vernunft. Dem liegt eine kaum abzuweisende Einsicht zugrunde. Wenn Vernunft – wie der Titel von Kants Hauptwerk mit seiner Ambivalenz von Genitivus subjectivus und objectivus es versprach – über sich selbst zu Gericht sitzt, so wird sie geneigt sein, sich recht zu geben. Es war bezeichnenderweise ein Dichter, der die tiefe Unvernunft solcher selbstbezüglicher Verfahren offenlegte. Kleist travestiert im Dorfrichter Adam nichts Geringeres als die Kantische (Un-)Vernunft. In ihre systematischen Verzerrungen Licht gebracht zu haben ist aber nicht das Verdienst einer überlegenen anderen Vernunft, sondern Effekt eines Unfalls: des zerbrochenen Kruges und der Spuren, die dieser Bruch hinterläßt.

Jacques Derrida ist der aufmerksamste unter den zeitgenössischen Analytikern solcher Spuren von Brüchen. Unablässig läßt er das Licht unreiner (und das heißt zumeist: poetischer) Diskurse in die Dunkelheiten vermeintlicher Aufklärung fallen. Schon der Studie, die Derrida bekannt machte, steht ein literarisches Motto voran. 1967 erschien unter dem Titel *Die Stimme und das Phänomen* Derridas ungemein genaue und textnahe Auseinandersetzung mit Husserls *Logischen Untersuchungen*. Sie wird eingeleitet mit einem Verweis auf Edgar Allan Poes grausige Erzählung vom »Fall Valdemar«. In ihr wird vom abgründigen Versuch berichtet, einen Sterbenden so zu »mesmerisieren«, daß sein Unbewußtes noch post mortem auskunftsfreudig bleibt. Daraus entnimmt Derridas Studie ihr Motto: »M. Valdemar, schlafen Sie immer noch? ›Ja; – nein, – ich *habe* geschlafen – und jetzt – *bin ich tot.*‹«

Eine unmögliche Aussage: Wer spricht (wir wissen es

nicht erst seit Gottfried Benns lyrischem Diktum), ist nicht tot, und wer tot ist, spricht nicht. Derridas Denken und Schreiben bezieht nun seinen eigentümlichen Charme aus der entschiedenen Befragung solcher suggestiver Evidenzen. Unter dem (Heideggers »Destruktion« nachgebildeten) Kunstwort »Dekonstruktion« ist diese immanente Befragungstechnik zum Schlüsselwort für Derridas Denken geworden. Seine grundlegende oder wohl eher doch: grundstürzende Überlegung ist schnell referiert. Danach ist die Tradition abendländischen Denkens dem Phono- und Logozentrismus verpflichtet. Denn sie setzt schon in Platons Schriften ein mit der Hochschätzung des gegenwärtigen gesprochenen Wortes und der Abwertung der Schrift. Scheint diese doch bloß eine defiziente, abgeleitete, problematisch aufbewahrte, in die Irre leitende, ja tote Form des eigentlichen Sinns zu sein, der im lebendig gesprochenen Wort bei sich selber ist. Noch in ihren spätesten Repräsentanten wie Husserl, ja noch in ihrem *linguistic turn* hat die abendländische Vernunft ihr Vertrauen in Geist, Logos und Sinn am Paradigma des präsenten Phänomens und der selbstpräsenten Stimme, die sich-sprechen-hört, orientiert. Und also ist sie phono- bzw. logozentrisch.

Der Gott der Grammatik

Derrida aber mißtraut in all seinen Schriften (ob im theoretischen Hauptwerk *Grammatologie* oder in der Essaysammlung *Die Schrift und die Differenz*, ob in der voluminösen Hegel-Studie *Glas* oder in den zeichentheoretischen Analysen unter dem Titel *Dissemination*) diesem Vertrauen in die Kraft der präsenten Rede. Das bestimmt seine Differenz zum unendlichen Gespräch der Hermeneuten und zur kontrafaktisch antizipierten herrschaftsfreien Argumentation der Frankfurter Diskursethiker. Offenbar nämlich funktioniert Sprache auch, wenn ihr »Autor« (wie der

Schreiber dieser Zeilen) abwesend ist. Dies gilt gerade auch im Hinblick auf die erste Person Singular, auf das Ich oder (wie Husserl definiert) den »jeweilig Redenden, der sich selbst bezeichnet«. Jeder Brief, jede Notiz, jedes Buch demonstriert, daß Ausdruck und Bedeutung eben nicht an die raumzeitliche Präsenz des Senders oder der bedeutenden Sachverhalte gebunden sind. Im Testament ist gar der Tod des Senders die Möglichkeitsbedingung für das »Funktionieren« dessen, was er sprachlich fixiert hat.

Schrift ist ein P/post-Phänomen in jedem Wortsinne, wie Derridas poetische Großabhandlung *Die Postkarte* unermüdlich zeigt: sie ist auf raumzeitliche Differenz so angewiesen, wie sie unablässig und besessen nach Supplementen dieser Differenz sucht. Die Grundfigur dieser Differenz aber ist – und Derrida hat keine Angst vor dem Raunen und dem Tiefsinn – der Tod. Ohne ihn ist Bedeutsamkeit nicht zu haben. Deshalb ist auch der »tote Buchstabe« der Schrift in einem spezifischen Sinne wahrer als der »lebendige Geist« der Rede.

Aus diesen Befunden zieht Derrida Konsequenzen, die in der Tat sehr weit reichen. Vermutet er doch, daß Bedeutsamkeit überhaupt sich ihrem »testamentarischen« Charakter und eben nicht ihrer Gegenwärtigkeit dankt. Derrida ist – Heideggers Verwindung der Metaphysik radikalisierend – kein Theoretiker des Vollzugs, sondern des Entzugs von Bedeutsamkeit. Dieser Einsicht in die unabschließbare Differenzstruktur von Bedeutsamkeit springt ein zweiter gewichtiger Argumentationsgang bei, der Derridas (an Zahl kaum mehr überschaubare) Schriften wie ein roter Faden durchzieht. Er knüpft nicht an die phänomenologische, sondern an die semiologische Theorietradition an. Ferdinand de Saussure hatte deutlich machen können, daß Zeichen ihren jeweiligen Wert nicht etwa durch Referenz auf Objekte oder Sachverhalte, sondern durch ihre Differenz zu anderen Zeichen gewinnen.

Gesteht man dies zu, so ist es kaum mehr möglich, privilegierte (etwa zentrale oder fundierende) Zeichen auszumachen. Denn all die Begriffe, die die Zeichenmenge gewissermaßen mit Sinn speisen sollen, unterliegen selbst der Struktur einer Zeichenordnung, die jedes (eben jedes) ihrer Elemente sich gegenseitig diakritisch ausdifferenzieren läßt. Das aber heißt: Auch Ehrfurcht heischende Großbegriffe wie Gott, Sinn, Geschichtsziel, Verständigung, Vertrag, Kommunikation, ja auch Metakonstruktionen wie »Bedeutung von Bedeutung« oder »Sinn von Sinn« können das Spiel der Zeichen nicht verläßlich fundieren oder gar erstarren machen. Es gibt schlechterdings keine ausweisbaren »transzendentalen Signifikate« – also keine Ideen am Sternenhimmel, die die irdische Gemengelage von Sachverhalten, Zeichen und Subjekten mit verbindlichem Sinn versorgen.

Wohl aber gibt es den Traum der Vernunft, der unermüdlich auf der Suche nach solchen Sinnzentren ist und sich ungemein gewitzt und aufgeklärt vorkommt, wenn er unendliches Gespräch, Kommunikation oder unhintergehbares Subjekt sagt, wo die Tradition schlichter Gott vergötterte. Doch dieser Traum gebiert Ungeheuer. Derrida ging in einer öffentlichen Diskussion mit deutschen Philosophen im Pariser Goethe-Institut zum Schrecken seiner Gesprächspartner so weit, vom »Terrorismus der pragmatischen Konsens-Theorie« zu sprechen. Aber lebt die Konsens-Theorie nicht tatsächlich davon, daß man gezwungen ist, sich dem Götzen Kommunikation zu unterwerfen? »Ich fürchte«, schrieb schon Nietzsche, »wir werden Gott nicht los, solange wir noch an die Grammatik glauben.«

Derrida glaubt nicht an die Grammatik. Er analysiert sie. Wer so denkt und spricht, sieht sich zumal im gegenwärtigen Deutschland schnell dem Verdacht ausgesetzt, vernunftkritisch also irrational also postmodern also neokonservativ also Dunkelmann zu sein. Nichts ist falscher (auch im Hinblick auf die politischen Impulse der sogenannten französischen Poststrukturalisten). Derridas vielschichtig entfaltete Denkmotive münden auch keineswegs im Nihilismus oder Irrationalismus, wie ein gängiges Klischee der Kritiker will. Vielmehr spricht alles für die Gültigkeit der Annahme, daß der Mangel transzendentaler Signifikate eins ist mit dem Produktionsgrund von Bedeutsamkeit. Würde – um Begriffe zu verwenden, die Derrida so nicht gebraucht – »Sinn« das Spiel der Zeichen stillstellen, so gäbe es vielmehr die Bewegung der Bedeutsamkeit nicht.

Wer *abdankt*, kann weiterleben

Auch eine weitere, zum Allgemeinplatz gewordene Kritik ist schwerlich nachvollziehbar: Derrida habe den Tod des Subjekts proklamiert. Dem ist einfach nicht so. Jedem, der seine Schriften auch nur ansatzweise zur Kenntnis nimmt, wird alsbald sinnfällig, daß Derridas Theoriestil nicht umsonst so individuiert wie kaum ein zweiter zeitgenössischer ist. Das ist kein Zufall. Denn Derrida hat Subjektivität von den grotesken Überforderungen befreit, in die sie die transzendentalphilosophische Vernunfttradition bannte. Sicherlich hat Derridas Dekonstruktionstheorie beste Argumente dafür bereitgestellt, das Subjekt von seinem Königsthron abdanken zu lassen. Wer aber abdankt, ist keineswegs schon tot. Es soll Herrscher gegeben haben, die erst nach ihrer Abdankung recht, lohnend und gut zu leben anfingen – an den Rändern der Ordnung, deren trostlos immobiles Zentrum sie zuvor zu sein glaubten.

An den amerikanischen Universitäten sind die Theoreme Derridas (nicht zuletzt durch die Vermittlungsarbeit von Paul de Man) bis zur modischen Übertreibung geläufig. In Deutschland hingegen stoßen sie auf zumeist kenntnislose Verwerfung. Das hat zumindest den Nachteil, daß die sehr produktive gegenwärtige amerikanische Geisteswissenschaft zusehends zur Terra incognita der deutschen Universitäten wird. Dabei gibt es gerade in deutscher Sprache

Texte, die Derridas oder de Mans Einsichten erschließbar machen. Doch leider spricht vieles dafür, daß es nicht die unwichtigste Aufgabe der deutschen geisteswissenschaftlichen Tradition war, solche Texte mitsamt ihren Skandalen und Zumutungen für den gesunden Menschenverstand nicht etwa les-, sondern unlesbar zu machen.

So muß kein anderer als die bildungsdeutsche Kultfigur einer entfalteten Persönlichkeit, so muß niemand anderes als Wilhelm Meister Erfahrungen machen, die jedes konventionelle Verständnis von vernünftiger Subjektivität in tiefe Krisen geraten lassen. Auf seinem Gang durch die Gefilde, die Subjektivität formieren, trifft er auf den Theaterdirektor Serlo. Und dieser erzählt ihm von einer Gesellschaft, deren Mitglied er, der Theatromane, war. Diese Gesellschaft hatte eine ebenso schlichte Einsicht wie ein einfaches Organisationsprinzip: sie ließ eine »Narrenmaske« herumgehen, die jedem Mitglied abwechselnd erlaubte, die »Verkennung« seiner selbst und die der anderen »durch allegorische Vorstellungen« zu strafen. Als strafwürdig aber galt allein der »Selbstbetrug der Vernunft, die sich einbildet, den Narren verjagt zu haben«, und die ebendeshalb »zur heimlichen Knechtschaft« gezwungen wird. Keine Frage: in dieser Gesellschaft waren nicht Diskursethiker versammelt. Sondern vielmehr – so Goethes großartige Wendung – »verständige, geistreiche, lebhafte Menschen, die wohl einsahen, daß die Summe unserer Existenz, durch Vernunft dividiert, niemals rein aufgehe, sondern daß immer ein wunderlicher Bruch übrigbleibe«. Derrida und de Man sind die subtilsten Theoretiker dieses wunderlichen Bruchs. Beobachten, analysieren und – sei's drum: – verstehen kann ihn nur, wer der »Wut des Verstehens« entsagt.

Anmerkungen

Vorwort zur erweiterten Nachauflage

1 Cf. Jacques Derrida: *Guter Wille zur Macht – Drei Fragen an Hans-Georg Gadamer* und Hans-Georg Gadamer: *Und dennoch: Macht des guten Willens*; beide in: Philippe Forget (ed.): *Text und Interpretation*. München: Fink 1984.

Kapitel 1

1 Zitate aus dem homerischen Hymnos an Hermes erfolgen im laufenden Text mit Angabe der Verszahl (hier v. 7) nach der Übersetzung von A. Ludwich in ders.: *Homerischer Hymnenbau*. Die folgenden Darlegungen verdanken den Beiträgen in dem von R. Heinz herausgegebenen Band *Hermesiade* viele Anregungen.
2 W. Scherer: *Kuhhandel*, S. 2.
3 Für den Ausdruck »Kuhhandel« führt Büchmanns Sammlung *Geflügelter Worte* einen angeblich »frühen Beleg« an. Er stammt aus den *Sozialistischen Monatsheften* (2. Jg./1898, S. 359); »Unsere Genossen in Herford, Halle sind dann auch schon glücklich beim Kuhhandel, beim Mandatschacher angelangt.« Vieles spricht in diesem Fall für eine Vordatierung der Entstehungszeit dieses geflügelten Wortes um zweieinhalbtausend Jahre. – Nicht gleich zweieinhalbtausend Jahre, aber doch um mehrere Jahrhunderte vorzudatieren ist der Satz von H. Birus, »die Herleitung (der Hermeneutik) von Hermes sei eine spätantike Pseudo-Etymologie« (*Einleitung*, S. 6): findet sie sich doch bereits in Platons Dialog *Kratylos*, 407e–408b; cf. dazu unten den ausführlichen Kommentar und den instruktiven Aufsatz von Jean Pepin: *Die frühe Hermeneutik*.
4 Cf. Ovid: *Metamorphosen*, II, 695 sqq.; Battus, der Zeuge des Kuhdiebstahls, sagt zu Mercur, der ihn mit einer »glänzenden Kuh« bestach: »›Geh nur/unbesorgt, eher wird deinen Diebstahl verschwatzen der Stein hier.‹/Zeigte dabei auf den Stein. Mercur entfernte sich scheinbar,/kehrt aber bald zurück, an Gestalt und Stimme verwandelt.« Worauf er die Belohnung verdoppelt, von seinem eigenen Diebstahl erfährt und spricht: »›Mir selbst verrätst du mich Falscher!/Mich verrätst du mir selbst!‹ und verwandelt die eidesvergeßne/Brust in den harten Kiesel.«
5 Cf. Apollodorus: *The Library* II, X. 2 sq.
6 Hederich: s. v. »Merkur«.
7 Lucian: *Götterdialoge* 4 (24), Sp. 254 (eigene Übers.).

Kapitel 2

1 Das Folgende ist eine überarbeitete Fassung von J. Hörisch: *Literaturwissenschaft als Medium der Verkennung von Literatur.*
2 Platon: *Kratylos*, Überschrift Schleiermachers zum 44. Abschnitt.
3 Ibid. 383a.
4 Ibid. 387b.
5 Ibid. 407e-408b.
6 Ibid. 429b-e.
7 F. A. Kittler: Einleitung zu *Urszenen*, S. 30; cf. auch ders.: *Kratylos – Ein Simulacrum.*
8 Cf. dazu A. Sohn-Rethel: *Geistige und körperliche Arbeit,* ders.: *Soziologische Theorie der Erkenntnis;* J. Hörisch: *Die Krise des Bewußtseins und das Bewußtsein der Krise.*
9 Walter Benjamin: *Sokrates,* GS 1, S. 131.
10 Aristoteles: *Lehre vom Satz,* zweites Kapitel. Boethius faßte durchaus angemessen zusammen, als er schrieb: »interpretatio est vox significativa, per seipsam aliquid significans.« Ein gewichtiges Zugeständnis an die Hermeneutik ist freilich schon in dieser Formel beschlossen: Auch Aristoteles begreift Sätze als Transportmittel für Bedeutungsinhalte.

Kapitel 3

1 Carl Schneider: *Geistesgeschichte der christlichen Antike,* S. 12.
2 I. Mose 40, 5-8 nach der Luther-Bibel von 1545.
3 I. Mose 39, 3 und 23.
4 Thomas Mann: *Joseph, der Ernährer,* S. 165.
5 Ibid., S. 83.
6 Ibid.
7 Ibid., S. 184.
8 Ibid, S. 172.
9 Cf. zu Hermes-Motiven im Werk Thomas Manns u. a. H. Wysling: *Psychologische Aspekte von Thomas Manns Kunst;* M. Dierks: *Studien zu Mythos und Psychologie bei Thomas Mann;* und J. Rothenberg: *Der göttliche Mittler.*
10 Thomas Mann: *Joseph,* S. 154.
11 Thomas Mann: *Felix Krull,* S. 138 sqq. Später wird das Hermes-Motiv wiederaufgenommen (S. 210 sqq.).

Kapitel 4

1 F. Nietzsche: *Zarathustra*: WW II, Sp. 431.
2 Johannes-Evangelium 18, 36-38.
3 Ibid., 19, 19-22.
4 Matthäus-Evangelium 5, 17.
5 Dieses Problem der Iterierbarkeit von Interpretationen hat schon Platons Dialog *Ion* benannt: »Sokrates: Dichter sind nichts anderes als Mittler der Götter. (...) Also vermittelt ihr Rhapsoden wieder die Gaben der Dichter?/Ion: Auch darin hast du recht./Sokrates: Also werdet ihr zu Vermittlern von Vermittlern?« (*Ion* 534d-535a). Diese Wendung hat eine lange Wirkungsgeschichte hervorgebracht; so heißt es etwa bei Montaigne: »Il y a plus affaire à interpréter les interprétations qu'à interpréter les choses.« J. Derrida hat diesen Satz als Motto seinem Aufsatz über *Die Struktur, das Zeichen und das Spiel im Diskurs der Wissenschaften vom Menschen* vorangestellt (in: *Die Schrift und die Differenz*) und damit zitiert, was Michel Foucault häufig zitierte.
6 Cf. dazu den bedeutenden Aufsatz von J. Taubes: *Die Rechtfertigung des Häßlichen*.
7 2. Korinther 3, 2-7.
8 Cf. E.-R. Curtius: *Europäische Literatur*, Kap. 5, § 3.
9 Goethe: *Zahme Xenien*, II; HA Bd. 1, S. 329.
10 Sie hat, wie fast alles, bedeutende Vor- und Nachfolger, etwa in den Lehren des Origines vom dreifachen (somatischen, psychischen und pneumatischen) Sinn der Schrift. Cf. dazu die konzise Darstellung von P. Rusterholz: *Hermeneutik*.
11 J. Derrida: *Die Schrift und die Differenz*, S. 424.
12 Cf. G. Deleuze/F. Guattari: *Mille Plateaux*, S. 9-37.
13 H.-G. Gadamer: *Wahrheit und Methode*, S. 69.
14 Cf. zum Folgenden C. V. Bock: *Der elfenbeinerne Turm* und F. Ohly: *Hohelied-Studien*.
15 Goethe im Oktober 1775 an J. H. Merck.
16 *Hohelied* 4, 1-4.
17 Ibid. 5, 14-16.
18 Ibid. 7, 1-4.
19 Hippolytus: *Kommentar zum Hohelied*, S. 44.
20 In: *Migne* PG 40, Sp. 126.
21 Beda; in: *Migne* PL 91, Sp. 1192.
22 Cf. P. Handke: *Ich bin ein Bewohner des Elfenbeinturms*.
23 Peter Jan, zitiert bei C. V. Bock, l. c., S. 23.
24 Luther: *Tischreden*, Weimarer Ausgabe, Abt. II, Bd. 5, Sp. 45.

Kapitel 5

Überlegungen aus diesem und dem folgenden Kapitel habe ich im Februar 1986 am Trinity College in Cambridge und im Juni 1986 auf Einladung der Volkshochschule Ulm bei einem Symposion über *Menschliche Kommunikation* vorgestellt. Für die dort geäußerte Kritik und Anregungen von H.-G. Gadamer, A. Lorenzer und H. Schülein bin ich sehr dankbar. – Abgedruckt auch in: E. Behler/ J. Hörisch (edd.): *Frühromantik*.
Wenn es eines solchen noch bedürfte, so könnte folgende Briefäußerung Friedrich Schlegels vom September 1799 (cf. R. Grumbach: *Begegnungen* IV, S. 525) an Schleiermacher diesem Kapitel als Motto vorangestellt werden: »... einige Nachrichten von den Effecten Deiner Reden (über die Religion, J. H.) ... Goethe hat sich mein prächtiges Exemplar geben lassen, und konnte nach dem ersten begierigen Lesen von zwey oder drey Reden gegen Wilhelm (A. W. Schlegel) die Bildung und die Vielseitigkeit dieser Erscheinung nicht genug rühmen. Je nachlässiger indessen der Styl und je christlicher die Religion wurde, je mehr verwandelte sich dieser Effect in sein Gegentheil, und zuletzt endigte das Ganze in einer gesunden und fröhlichen Abneigung.«

1 P. Szondi: *Einführung*, S. 10. Szondi empfiehlt zu Recht Ebelings Hermeneutik-Artikel in der RGG als die bessere Einführung.
2 W. Dilthey: *Die Entstehung der Hermeneutik*, S. 320.
3 Ibid.
4 All das ist häufig und gründlich dargestellt worden; u. a. von P. Szondi. Cf. auch die aufschlußreichen Sammelbände, die U. Nassen herausgegeben hat. Weniger auf- und anregend sind die Beiträge zur Geschichte der Hermeneutik, die H. Birus herausgegeben hat; sie lesen die Klassiker der Hermeneutik hermeneutisch und stellen fest, daß sie recht hatten.
5 Zitate aus den *Wahlverwandtschaften* mit Angabe von Buch, Kapitel und Seite nach der Hamburger Ausgabe der Werke Goethes. – Über die Gestalt Mittlers gibt es nur wenige Untersuchungen; den meisten hermeneutisch orientierten Interpretationen ist er offenbar auf eine diffuse Weise ungeheuer. Eine der wenigen lesenswerten Abhandlungen ist die von E. Petuchowski. Die Arbeiten von G. Reitz und Th. Plankensteiner ignorieren zur Gänze die antihermeneutische Tendenz in der Darstellung Mittlers. – »Mittler« ist ein in den Lexika der Goethezeit klar definierter Begriff; als »Friedens-Stiffter, Unterhändler, Schieds-Mann« versteht ihn schon Zedlers Universal-Lexikon von 1739; als »eine Person, welche sich zwischen zwey streitige Personen in das Mittel schlägt, ihren Streit zu vermitteln«, führt Adelungs Wörterbuch den Mittler ein.

6 H. Schlaffer: *Namen und Buchstaben in Goethes »Wahlverwandtschaften«*; in: N. Bolz (ed.): *Goethes Wahlverwandtschaften.* Hildesheim 1981, S. 219.
7 *Kenner und Künstler*; Hamburger Ausgabe Bd. 1, S. 62.
8 Eine halbe Ausnahme im Rahmen der Goetheschen Kritik der Hermeneutik macht eine Passage aus *Dichtung und Wahrheit*; Hamburger Ausgabe Bd. 10, S. 510 sq.

Kapitel 6

1 An W. von Humboldt am 22. August 1806, Hamburger Ausgabe der Briefe Bd. III, p. 483.
2 Im folgenden referieren Zitatangaben in Klammern auf F. Schleiermacher; *Über die Religion – Reden an die Gebildeten unter ihren Verächtern* nach der Ausgabe bei Felix Meiner, Erstauflage von 1799. In die späteren vier zu Lebzeiten des Verfassers erschienenen Ausgaben hat Schleiermacher erhebliche Änderungen eingearbeitet, die zumal auch den Begriff »Verstehen« betreffen – »Wut des Berechnens und Erklärens« heißt es z. B. schon ab der zweiten Auflage von 1806 statt »Wut des Verstehens« (cf. S. 154 der kritischen, von der Schleiermacher-Forschung auffallend selten konsultierten Edition von G. C. B. Pünjer). Die Forschungslage zum Begriff »Mittler« referiert und treibt voran K. Lindemann: *Geistlicher Stand*, der freilich die *Wahlverwandtschaften*-Rezeption der *Reden* nicht erwähnt; und zum frühromantischen Schleiermacher überhaupt die Arbeit von K. Nowak. Auf die antihermeneutischen Impulse der Erstausgabe gehen allerdings weder diese noch andere einführende und weiterführende Essays zu Schleiermacher ein; cf. paradigmatisch die Aufsätze von W. Gräb und J. Ringleben.
3 Als Mittler wird Christus im Neuen Testament denn auch ausdrücklich und gleich mehrfach bezeichnet (1. Tim. 2, 5; Gal. 3, 19 sq.; Hebr. 8, 6-9, 15-12, 24; Kol. 1, 15 sqq.). – Zum Gesamtzusammenhang cf. auch die aufschlußreiche Untersuchung von K. Lindemann: *Geistlicher Stand*; cf. dort die Hinweise zur weiterführenden Literatur.
4 Novalis: *Schriften* III. Stuttgart 1972, S. 521. Auch Novalis verfügt ex- und intensiv über den Begriff des Mittlers; cf. vor allem die Blütenstaub-Fragmente 73 bis 75.
5 Goethe: *Autobiographische Schriften*, S. 251; cf. den Kommentar des Herausgebers R. Wild, S. 704 sq.
6 Das Buchstabenspiel der *Wahlverwandtschaften* wird entfaltet bei H. Schlaffer und bei J. Hörisch: *Das Sein der Zeichen und die Zeichen des Seins.*

Kapitel 7

1 Friedrich Ast war Professor für (Alt-)Philologie an der Universität Landshut; er publizierte dort 1808 seine *Grundlinien der Grammatik, Hermeneutik und Kritik*, in denen ebenfalls das Geist/Buchstabe-Schema eine entscheidende Rolle spielt.
2 Eingeklammerte Seitenangaben verweisen in diesem Kapitel auf die von M. Frank herausgegebene Ausgabe von Schleiermacher: *Hermeneutik und Kritik*.
3 Cf. F. A. Kittler (ed.): *Die Austreibung des Geistes aus den Geisteswissenschaften*.
4 Cf. M. Frank: *Das individuelle Allgemeine*.
5 E. Staiger: *Grundbegriffe der Poetik*, S. 223.
6 Nicht nur H. A. Korffs Buch *Geist der Goethezeit* hat dieses Schema wirkungsmächtig praktiziert.
7 Grundsätzliche Alternativen der Deutung von *Wilhelm Meisters Lehrjahren* versucht J. Hörisch: *Gott, Geld und Glück*, Kap. 2. Das Buch hat geharnischte Kritiken von hermeneutischer Seite erhalten – und seltsame dazu.
8 Das Folgende nach H. Schlaffer: *Ursprung, Ende und Fortgang der Interpretation*.
9 M. Frank: l. c., S. 248 sq.
10 Ibid., S. 165.
11 Ibid., S. 167.
12 O. Marquard: *Hermeneutik*, S. 129.
13 J. G. Fichte: *Ueber Geist und Buchstab*, S. 271.
14 Ibid., S. 299.
15 Ibid., S. 287.
16 Ibid., S. 299.
17 J. G. Droysen: *Historik*, S. 329.
18 Cf. F. A. Kittler (ed.): *Die Austreibung des Geistes aus den Geisteswissenschaften*.

Kapitel 8

1 Novalis: *Dialogen*; in: *Schriften* II, S. 661.
2 Schiller: *Die Räuber* I/2.
3 Goethe: *Maximen und Reflexionen*, HA 12, S. 494 (Nr. 910).
4 Jean Paul: *Werke* 1, S. 425 sq.
5 Novalis: l. c., S. 663.
6 Die Zitate finden sich in Novalis: *Schriften* II, S. 470; III, 580; II, 598.
7 Novalis: *Schriften* III, S. 578.

8 F. A. Kittler: *Einleitung* zu ders. (ed.): *Austreibung*, S. 9.
9 Cf. Carlo Ginzburg: *Spurensicherung*.
10 R. Otto: *Das Heilige*.
11 Cf. dazu auch die detektivische Studie von M. Shepard: *Sherlock Holmes and the Case of Dr. Freud*.
12 Freud: *Der Moses des Michelangelo*, StA X, S. 207.
13 Schleiermacher: *Reden*, l. c., S. 81 (145).
14 Ibid., S. 82 (147).
15 F. Nietzsche: *Nachlaß*, WW III, S. 489. Zu Nietzsches Theorie der Interpretation als einer der wirkungsvollsten Formen des Willens zur Macht cf. Figl: *Nietzsche* (bes. S. 94 sqq.).
16 Ibid., S. 487.
17 F. Nietzsche: *Genealogie der Moral*, WW II, S. 890.

Kapitel 9

1 Cf. H.-G. Gadamer: *Über das Lesen von Bauten und Bildern*, S. 102: »›Auslegen‹ ist ein Wort, das in seiner eigenen spekulativen Dimension schon enthält, daß wir hier nichts zum Lesen hinzutun. Einmal meint es, daß wir nichts hineinlegen. (...) Zweitens aber, daß das Auslegen im Grunde genommen nur das, was schon darin ist, herauslegt, um es dann wieder zusammenzulegen.«
2 H. von Hofmannsthal: *Der Tor und der Tod*, S. 297 sq.
3 Das Folgende ist eine überarbeitete Fassung von: J. Hörisch: *Deutschland 1875*.
4 Goethes Gedicht nach der sorgfältigen Edition in der umfänglich kommentierten Ausgabe von Wulf Segebrecht, S. 13.
5 Nietzsche: *Kritische Gesamtausgabe*, edd. Colli/Montinari, II, 5, S. 176 sq. Nietzsche hat die Brieffassung wenig später überarbeitet. In dieser überarbeiteten Fassung (in: *Nietzsches Gesammelte Werke*, Musarionausgabe Bd. 20. München 1927, S. 71) trägt das Gedicht den Titel *Der Wanderer*, und das Vogel-Lied ist nunmehr ausdrücklich ein Locklied an ein »Weibchen«.
6 G. Büchner: *Lenz*, S. 30; cf. dazu J. Hörisch: *Pathos und Pathologie – Der Körper und die Zeichen in Büchners »Lenz«*.
7 J G. Herder: *Sämtliche Werke* Bd. 23, S. 309 sq. Cf. hierzu den vorzüglichen Aufsatz von H. Herkommer, der auf dieses Gedicht und die Wendung von Irenäus (Anm. 8) aufmerksam gemacht hat.
8 Irenäus: *Adversus haereses – Contre les hérésies*, S. 76 sq.
9 Cf. dazu J. Hörisch: *Oberlin oder die Verbesserung von Mitteleuropa*.
10 Cf. F. A. Kittler: *Aufschreibesysteme*, Kapitel »Muttermund«.
11 Zit. bei W. Segebrecht: l. c., S. 64 (mit ablehnendem Kommentar).

12 Cf. P. Watzlawick et al.: *Menschliche Kommunikation*, S. 50 sqq.
13 Wagner: *Siegfried*, zweiter Aufzug.
14 Adorno: *Ästhetische Theorie*, S. 179.
15 Ibid., S. 184.

Kapitel 10

1 Hölderlin: *Patmos, Aus den Bruchstücken der späteren Fassungen*.
2 Rilke: *Orpheus. Eurydike. Hermes*; in: SW 2. 542.
3 Lacan: *Encore*, passim, bes. S. 12 sqq.
4 Rilke: l. c., S. 544.
5 Hugo von Hofmannsthal: *Brief an Richard Dehmel*; in *GW Gedichte, Dramen* I, S. 171.
6 Freud: *Totem und Tabu, Studienausgabe* IX, S. 363.
7 Freud: *Über einen autobiographisch beschriebenen Fall von Paranoia, Studienausgabe* VII, S. 139.
8 Rilke: *Die Aufzeichnungen des Malte Laurids Brigge*, SW 12, S. 758.
9 Ibid., S. 764.
10 Ibid., S. 785.
11 Ibid., S. 833.
12 Ibid., S. 826.
13 Cf. dazu die Materialien bei F. A. Kittler: *Grammophon, Film, Typewriter*.
14 Rilke: *Aufzeichnungen*, S. 756.
15 Cf. J. Hörisch/H. Winkels (edd.): *Das schnelle Altern der neuesten Literatur*.

Kapitel 11

1 Zuerst publiziert in: *Neue Zürcher Zeitung*, 15./16. Juni 1996.

Kapitel 12

1 Zuerst publiziert in: *Neue Zürcher Zeitung*, 7. November 1995.

Kapitel 13

1 Zuerst publiziert in: *Neue Zürcher Zeitung*, 9. Dezember 1995.
2 *»Lieber Marcel« – Briefe an Reich-Ranicki*, hg. von Jochen Hieber.

Stuttgart: DVA 1995.
3 Volker Hage/Mathias Schreiber: *Marcel Reich-Ranicki*. Köln: Kiepenheuer & Witsch 1995.
4 Franz-Josef Czernin: *Marcel Reich-Ranicki – Eine Kritik*. Göttingen: Steidl 1995.

Kapitel 14

1 Zuerst unter dem von der Zeitschrift verantworteten Titel publiziert: *Wunderlicher Bruch – Dekonstruktion, de Man, Derrida und ihre deutsche Aufarbeitung*, in: *Merkur* 477/November 1988.

Literatur

Adorno, Th. W.: *Ästhetische Theorie*, GS 7. Ffm 1972.
Apollodorus: *The Library II*, ed. und übers. ins Engl. J. G. Frazer, London/New York 1963.
Aristoteles: *Lehre vom Satz (Peri hermeneias)*, übers. und ed. E. Rolfes. Hamburg 1974.
Ast, F.: *Grundlinien der Grammatik, Hermeneutik und Kritik*. Landshut 1808.
Behler, E.: *What it Means to Understand an Author Better than He Understood Himself – Idealistic Philosophy and Romantic Hermeneutics;* in: *Literary Theory and Criticism – Festschrift in Honor of René Wellek*. Ffm/New York 1985, S. 69-92.
–/J. Hörisch (edd.): *Die Aktualität der Frühromantik*. Paderborn 1987.
Benjamin, W.: *Sokrates;* in: *Gesammelte Schriften*, ed. R. Tiedemann/ H. Schweppenhäuser, Bd. II. Ffm 1977.
Betti, E.: *Allgemeine Auslegungslehre als Methodik der Geisteswissenschaften*. Tübingen 1967.
Birus, H. (ed.): *Hermeneutische Positionen. Schleiermacher – Dilthey – Heidegger – Gadamer*. Göttingen 1982.
Bock, C. V.: *Der elfenbeinerne Turm – Eine erneute Verteidigung;* in: *Castrum Peregrini* 138/1979, S. 5-25.
Bolz, N. W.: *Der Geist und die Buchstaben – Friedrich Schlegels hermeneutische Postulate;* in: U. Nassen (ed.): *Texthermeneutik* (s. d.), S. 79-112.
–: *Friedrich D. E. Schleiermacher: Der Geist der Konversation und der Geist des Geldes;* in: U. Nassen (ed.): *Klassiker* (s. d.), S. 108-130.
Bubner, R./Cramer, K./Wiehl, R. (edd.): *Hermeneutik und Dialektik – Festschrift für Hans-Georg Gadamer*, 2 Bde. Tübingen 1970.
Büchner, G.: *Lenz – Studienausgabe*, ed. H. Gersch. Stuttgart 1984.
Curtius, E.-R.: *Europäische Literatur und lateinisches Mittelalter*. Bern/München ⁷1969.
Czernin, F.-J.: *Marcel Reich-Ranicki – Eine Kritik*. Göttingen 1995.
Deleuze, G./Guattari, F.: *Mille Plateaux – Capitalisme et schizophrénie II*. Paris 1980.
Derrida, J.: *Die Schrift und die Differenz*. Ffm 1972.
–: *Guter Wille zur Macht – Drei Fragen an Hans-Georg Gadamer,* in: Philippe Forget (ed.): *Text und Interpretation*. München 1984, S. 56-58, 62-77.
Dierks, M.: *Studien zu Mythos und Psychologie bei Thomas Mann. An seinem Nachlaß orientierte Untersuchungen zum »Tod in Venedig«, zum »Zauberberg« und zur »Joseph«-Tetralogie*. Bern/München 1972.

Dilthey, W.: *Die Entstehung der Hermeneutik*; in: *GS* 5,4. Stuttgart/Göttingen 1964, S. 317-338.
Droysen, J. G.: *Historik – Vorlesungen über Enzyklopädie und Methodologie der Geschichte*, ed. R. Hübner, Darmstadt 1972.
Ebeling, G.: *Artikel »Hermeneutik«*; in: *Die Religion in Geschichte und Gegenwart*, Bd. 3,3. Tübingen 1959, S. 242-262.
Fichte, J. G.: *Ueber Geist und Buchstab in der Philosophie – In einer Reihe von Briefen* (1794); in: *SW*, ed. I. H. Fichte, Bd. VIII. (Reprint) Berlin 1971, S. 270-300.
Figl, J.: *Interpretation als philosophisches Prinzip – Friedrich Nietzsches universale Theorie der Auslegung im späten Nachlaß*. Berlin/New York 1982.
Frank, M.: *Das individuelle Allgemeine – Textstrukturierung und -interpretation nach Schleiermacher*. Ffm 1977.
Freud, S.: *Der Moses des Michelangelo* (1914); in: *Studienausgabe* Bd. X. Ffm 1969, S. 195-222.
–: *Psychoanalytische Bemerkungen über einen autobiographisch beschriebenen Fall von Paranoia* (1911); in: *StA* VII. Ffm 1973, S. 133-204.
–: *Totem und Tabu* (1912); in: *StA* IX. Ffm 1974, S. 287-444.
Gadamer, H.-G.: *Wahrheit und Methode*. Tübingen ²1965.
–: *Über das Lesen von Bauten und Bildern*; in: G. Böhme et al. (edd.): *Modernität und Tradition – Festschrift für Max Imdahl zum 60. Geburtstag*. München 1985, S. 97-104.
–: *Und dennoch: Macht des guten Willens*, in: Philippe Forget (ed.): *Text und Interpretation*. München 1984, S. 59-61.
Ginzburg, C.: *Spurensicherung*; in: *Freibeuter* 3/1980, S. 7-17 und 4/1980, S. 11-36.
Goethe: *Hamburger Ausgabe* in 14 Bdn. München 1981.
–: *Briefe – Hamburger Ausgabe* in 4 Bdn. München 1968.
–: *Autobiographische Schriften der frühen Zwanzigerjahre*, ed. R. Wild. München 1986.
Gräb, W.: *Die unendliche Aufgabe des Verstehens*; in: D. Lange (ed.): *F. Schleiermacher (1768-1834)*. Göttingen 1985, S. 47-71.
Grumbach, R. (ed.): *Goethe – Begegnungen und Gespräche* Bd. IV. Berlin/New York 1980.
Hage, V./Schreiber, M.: *Marcel Reich-Ranicki*. Köln 1995.
Hamacher, W.: *Hermeneutische Ellipsen – Schrift und Zirkel bei Schleiermacher*; in: U. Nassen (ed.): *Texthermeneutik – Aktualität, Geschichte, Kritik*. Paderborn 1979, S. 113-148.
Hederich, B.: *Gründliches mythologisches Lexikon* (1770). Nachdruck Darmstadt 1967.
Die ganze Heilige Schrift Deudsch, übers. Martin Luther (Wittenberg 1545), ed. H. Volz, München 1972.

Herder, J. G.: *Sämtliche Werke*, ed. B. Suphan, Bd. 23, Berlin 1885.
Herkommer, H.: *Buch der Schrift und Buch der Natur – Zur Spiritualität der Wahrnehmung im Mittelalter, mit einem Ausblick auf ihren Wandel in der Neuzeit*; in: ›Nobile claret opus‹ – *Festschrift für Frau Prof. Dr. E. J. Beer zum 60. Geburtstag*, Separatum aus der Zft. für Schweizerische Archäologie und Kunstgeschichte, Bd. 43/Heft 1/1986, S. 167-178.
Heinz, R. (ed.): *Hermesiade – Philosophische Tagungsbeiträge zum Tauschproblem*. Essen 1986.
Hieber, J. (ed.): *»Lieber Marcel« – Briefe an Reich-Ranicki*. Stuttgart 1995.
Hippolytus: *Kommentar zum Hohelied*, ed. Bonwetsch. Leipzig 1902.
Hirsch, E. D.: *Prinzipien der Interpretation*. München 1982.
Hörisch, J.: *Literaturwissenschaft als Medium der Verkennung von Literatur*; in: G. Stötzel (ed.): *Germanistik – Forschungsstand und Perspektiven*, 2. Teil. Berlin/New York 1985, S. 451-456.
–: *Die Krise des Bewußtseins und das Bewußtsein der Krise – Zu Sohn-Rethels Luzerner Exposé* = Vorwort zu A. Sohn-Rethel: *Soziologische Theorie der Erkenntnis*. Ffm 1985.
–: *Das Sein der Zeichen und die Zeichen des Seins – Marginalien zu Derridas Ontosemiologie* = Vorwort des Übersetzers zu J. Derrida: *Die Stimme und das Phänomen*. Ffm ²1988.
–: *Gott, Geld und Glück – Zur Logik der Liebe in den Bildungsromanen von Goethe, Keller und Thomas Mann*. Ffm 1983.
–: *Deutschland 1875 – F. Nietzsche, Es geht ein Wandrer durch die Nacht*; in: K. Lindemann (ed.): *europaLyrik 1775 – heute – Gedichte und Interpretationen*. Paderborn/München/Wien/Zürich 1982, S. 219-225.
–: *Oberlin oder die Verbesserung von Mitteleuropa*; in: *Katalog der Büchner-Ausstellung*, Darmstadt 1987. Ffm 1987.
–: *Pathos und Pathologie – Der Körper und die Zeichen in Büchners »Lenz«*; in: (wie zuvor).
–: *Wunderlicher Bruch – Dekonstruktion, de Man, Derrida und ihre deutsche Aufarbeitung*, in: Merkur 477/November 1988, S. 988-993.
Hofmannsthal, H. von: *Gesammelte Werke – Gedichte, Dramen* I 1891-1898, ed. B. Schoeller, Ffm 1979.
Homer: *Opera tomus V*, ed. Th. W. Allen. 1969.
Homerische Hymnen Griechisch-Deutsch, ed. Anton Weiher. München/Zürich ⁵1986.
Irenäus von Lyon: *Adversus haereses – Contre les hérésies*, livre 4, ed. A. Rousseau, tomes 2. Paris 1965.
Japp, U.: *Hermeneutik – Der theoretische Diskurs, die Literatur und die Konstruktion ihres Zusammenhanges in den philologischen Wis-*

senschaften. München 1977.
Jean Paul: *Leben des vergnügten Schulmeisterlein Maria Wutz in Auenthal;* in: *Werke* in 12 Bdn. (Bd. 1), ed. N. Miller. München 1975.
Kittler, F. A.: *Kratylos – Ein Simulacrum*: in: *Fugen – Deutsch-französisches Jahrbuch für Text-Analytik*. Olten/Freiburg i. Br. 1980.
–: *Einleitung* zu F. A. Kittler/H. Turk (edd.): *Urszenen – Literaturwissenschaft als Diskursanalyse und Diskurskritik*. Ffm 1977.
– (ed.): *Die Austreibung des Geistes aus den Geisteswissenschaften – Programme des Poststrukturalismus*. Paderborn etc. 1980.
–: *Grammophon, Film, Typewriter*. Berlin 1986.
Korff, H. A.: *Geist der Goethezeit – Versuch einer ideellen Entwicklung der klassisch-romantischen Literaturgeschichte*, 4 Teile. Berlin [8]1966.
Lindemann, K.: *Geistlicher Stand und religiöses Mittelalter – Ein Beitrag zur Religionsauffassung der Frühromantik in Dichtung und Philosophie*. Ffm 1971.
– (ed.): *europaLyrik 1775 – heute – Gedichte und Interpretationen*. Paderborn 1982.
Lucian: *Götterdialoge – Lucian's Works, The Loeb Classical Library*, Bd. VII. Cambridge/London 1961.
Ludwich, A.: *Homerischer Hymnenbau nebst seinen Nachahmungen bei Kallimachos, Theokrit, Vergil, Nonnos und Anderen*. Leipzig 1908 (darin die Übersetzung des Homerischen Hymnos an Hermes durch den Verf., S. 44-75).
Luther: *Tischreden;* Weimarer Ausgabe, 2. Abt., Bd. 5. Weimar 1918.
Mann, T.: *Joseph und seine Brüder – Joseph, der Ernährer*, Frankfurter Ausgabe, ed. P. de Mendelssohn. Ffm 1983.
–: *Bekenntnisse des Hochstaplers Felix Krull*, Taschenbuchausgabe in 12 Bdn., Bd. 10. Ffm 1967.
Marquard, O.: *Frage nach der Frage, auf die die Hermeneutik die Antwort ist;* in: ders.: *Abschied vom Prinzipiellen*. Stuttgart 1981, S. 117-146.
Migne, J. P. (ed.): *Patrologiae cursus completus*, Series II: Ecclesia latina, Bde. 1-221. Paris 1841-1864.
Nassen, U. (ed.): *Klassiker der Hermeneutik*. Paderborn etc. 1982.
–: *Texthermeneutik – Aktualität, Geschichte, Kritik*. Paderborn etc. 1979.
Nietzsche, F.: *Werke in drei Bänden*, ed. K. Schlechta. München 1966.
Novalis: *Schriften*, zweiter Band, ed. R. Samuel u. a. Stuttgart 1965.
–: *Schriften*, dritter Band, ed. R. Samuel u. a. Stuttgart 1968.
Nowak, K.: *Schleiermacher und die Frühromantik – Eine literaturgeschichtliche Studie zum romantischen Religionsverständnis und Menschenbild am Ende des 18. Jahrhunderts in Deutschland*. Weimar 1986.

Nüsse, H.: *Die Sprachtheorie Friedrich Schlegels*. Heidelberg 1962.
Ohly, F.: *Hohelied-Studien*. Wiesbaden 1958.
Ovid: *Metamorphosen*, übers. und ed. E. Rösch. München ⁵1972.
Patsch, H.: *Friedrich Schlegels »Philosophie der Philologie« und Schleiermachers frühe Entwürfe zur Hermeneutik – Zur Frühgeschichte der romantischen Hermeneutik*; in: *Zft für Theologie und Kirche* 63/1966, S. 434-472.
Pepin, Jean: *Die frühe Hermeneutik – Worte und Vorstellungen*, in: V. Bohn (ed.), *Typologie*. Ffm 1988.
Petuchowski, E.: *Mittler as comment – An observation on Goethes »Die Wahlverwandtschaften«*; in: *Forum for modern language studies* XVIII/1/1982, S. 1-22.
Plankensteiner, Th.: *Die Figur des Mittlers bei Goethe*. Diss. Innsbruck 1980.
Platon: *Kratylos*, in: *Sämtliche Werke*, übers. F. Schleiermacher, Bd. 2, Reinbek 1967.
–: *Ion*, ed. und übers. H. Flashar. München 1963.
Pünjer, G. C. B. (ed.): *Synoptische Ausgabe der drei ersten Auflagen der »Reden« Schleiermachers (1799, 1806 und 1821)*. Braunschweig 1879.
Ranke-Graves, R. von: *Griechische Mythologie – Quellen und Deutung*, 2 Bde. Reinbek 1974.
Reitz, G.: *Die Gestalt des Mittlers in Goethes Dichtung*. Ffm 1932.
Rilke, R. M.: *Sämtliche Werke* in 12 Bdn., ed. E. Zinn. Ffm 1975.
Ringleben, J.: *Die Reden über die Religion*; in: D. Lange (ed.): *F. Schleiermacher (1768-1834)*. Göttingen 1985, S. 236-258.
Rothenberg, J.: *Der göttliche Mittler – Zur Deutung der Hermes-Figurationen im Werk Thomas Manns*; in: *Euphorion* 66/1972, S. 55-80.
Rusterholz, P.: *Hermeneutik*; in: Arnold, H.-L./Sinemus, V. (edd.): *Grundzüge der Literatur- und Sprachwissenschaft*. München ²1974.
Scherer, W.: *Kuhhandel – Hermes und die Musik*; in: R. Heinz (ed.): *Hermesiade*. Essen 1986.
Schiller, F.: *Die Räuber*; in: *Werke* in drei Bdn. (Bd. 1), ed. G. Göpfert. München 1966.
Schlaffer, H.: *Ursprung, Ende und Fortgang der Interpretation*; in: G. Stötzel (ed.): *Germanistik – Forschungsstand und Perspektiven*. 2. Teil. Berlin/New York 1985, S. 385-397.
–: *Namen und Buchstaben in Goethes »Wahlverwandtschaften«*; in: N. W. Bolz (ed.): *Goethes Wahlverwandtschaften*. Hildesheim 1981, S. 211-229.
Schleiermacher, F.: *Über die Religion – Reden an die Gebildeten unter ihren Verächtern*. Hamburg 1958.
–: dito, ed. Pünjer (cf. dort).
–: *Hermeneutik und Kritik*, ed. M. Frank, Ffm 1977.

Schneider, C.: *Geistesgeschichte der christlichen Antike*. München 1978.
Segebrecht, W.: *J. W. Goethes Gedicht »Über allen Gipfeln ist Ruh« und seine Folgen – Zum Gebrauchswert klassischer Lyrik – Text, Materialien, Kommentar*. München 1978.
Shepard, M.: *Sherlock Holmes and the Case of Dr. Freud*. London/New York 1985.
Sohn-Rethel, A.: *Geistige und körperliche Arbeit*. Ffm ²1972.
–: *Soziologische Theorie der Erkenntnis*. Ffm 1985.
Sontag, S.: *Gegen Interpretation*; in: dies.: *Kunst und Antikunst*, übers. M. W. Rien. Ffm 1982, S. 11-22.
Staiger, E.: *Grundbegriffe der Poetik*. Zürich/Freiburg ⁸1968.
Szondi, P.: *Einführung in die literarische Hermeneutik – Studienausgabe der Vorlesungen* Bd. 5, ed. J. Bollack. Ffm 1975.
Taubes, J.: *Die Rechtfertigung des Häßlichen in urchristlicher Tradition*; in: H. R. Jauß (ed.): *Poetik und Hermeneutik III – Die nicht mehr schönen Künste*. München 1968, S. 169-186.
Wach, J.: *Das Verstehen – Grundzüge einer Geschichte der hermeneutischen Theorie im 19. Jahrhundert*, 3 Bde. Tübingen 1926.
Wysling, H.: *Thomas Mann – Sieben Vorträge*. Bern/München 1977.

Nachtrag 1997

Die wichtigste unter den jüngeren Neuerscheinungen zur Hermeneutikdebatte ist:
Boelderl, Artur M.: *Literarische Hermetik – Die Ethik zwischen Hermeneutik, Psychoanalyse und Dekonstruktion*. Düsseldorf/Bonn 1997.

Philosophie
in der edition suhrkamp

Adorno, Theodor W.: Eingriffe. Neun kritische Modelle. es 10 und es 3303
- Gesellschaftstheorie und Kulturkritik. es 772
- Jargon der Eigentlichkeit. Zur deutschen Ideologie. es 91
- »Ob nach Auschwitz sich noch leben lasse«. Ein philosophisches Lesebuch. Herausgegeben von Rolf Tiedemann. es 1844
- Stichworte. Kritische Modelle 2. es 347

Bachelard, Gaston: Das Wasser und die Träume. Aus dem Französischen von Henriette Beese. es 1598

Benhabib, Seyla: Selbst und Kontext. Geschlecht, Gemeinschaft und Postmoderne in der zeitgenössischen Ethik. Aus dem Amerikanischen von Isabella König. es 1725

Benjamin, Walter: Das Passagen-Werk. 2 Bde. Herausgegeben von Rolf Tiedemann. es 1200
- Zur Kritik der Gewalt und andere Aufsätze. Mit einem Nachwort von Herbert Marcuse. es 103

Bloch, Ernst: Abschied von der Utopie? Vorträge. Herausgegeben und mit einem Nachwort versehen von Hanna Gekle. es 1046
- Kampf, nicht Krieg. Politische Schriften 1917-1919. Herausgegeben von Martin Korol. es 1167
- Tübinger Einleitung in die Philosophie. es 3308
- Viele Kammern im Welthaus. Herausgegeben von Friedrich Dieckmann und Jürgen Teller. es 1827

Böhme, Gernot: Anthropologie in pragmatischer Hinsicht. Darmstädter Vorlesungen. es 1301
- Atmosphäre. Essays zur neuen Ästhetik. es 1927
- Für eine ökologische Naturästhetik. es 1556
- Natürliche Natur. Über Natur im Zeitalter ihrer technischen Reproduzierbarkeit. es 1680

Bubner, Rüdiger: Ästhetische Erfahrung. es 1564
- Dialektik als Topik. es 1591
- Zwischenrufe. Aus den bewegten Jahren. es 1814

Butler, Judith: Das Unbehagen der Geschlechter. Aus dem Amerikanischen von Kathrina Menke. es 1722

Deleuze, Gilles: Die Logik des Sinns. Aus dem Französischen von Bernhard Dieckmann. es 1707
- Unterhandlungen 1972-1990. Aus dem Französischen von Gustav Roßler. es 1778

Derrida, Jacques: Das andere Kap. Die aufgeschobene Demokratie. Zwei Essays. Aus dem Französischen von Alexander García Düttmann. es 1769

Philosophie
in der edition suhrkamp

Derrida, Jaques: Gesetzeskraft. Aus dem Französischen von Alexander G. Düttmann. es 1645 und es 3331
– Schreiben der Differenz. Ein Lesebuch. Herausgegeben von Christoph Menke. es 1843
– Vergessen wir nicht – die Psychoanalyse! Herausgegeben und übersetzt von Hans-Doeter Gondek. es 1980
Euchner, Walter: Egoismus und Gemeinwohl. Studien zur Geschichte der bürgerlichen Philosophie. es 614
Ewald, François: Der Vorsorgestaat. Aus dem Französischen von Hermann Kocyba. Mit einem Essay von Ulrich Beck. es 1676
Feyerabend, Paul: Briefwechsel mit einem Freund. es 1946
– Erkenntnis für freie Menschen. Veränderte Ausgabe. es 1011
– Wissenschaft als Kunst. es 1231
Versuchungen 1. Aufsätze zur Philosophie Paul Feyerabends. Herausgeben von Hans Peter Duerr. es 1044
Versuchungen 2. Aufsätze zur Philosophie Paul Feyerabends. Herausgeben von Hans Peter Duerr. es 1068
Foucault, Michel: Raymond Roussel. Übersetzt von Renate Hörisch-Helligrath. es 1559
Spiele der Wahrheit. Michel Foucaults Denken. Herausgegeben von François Ewald und Bernhard Waldenfels. Übersetzt von Hans-Dieter Gondek. es 1640
Die Frage nach dem Subjekt. Herausgegeben von Manfred Frank, Gérard Raulet und Willem van Reijen. es 1430
Frank, Manfred: Einführung in die frühromantische Ästhetik. es 1563
– Gott im Exil. Vorlesungen über die Neue Mythologie. II. Teil. es 1506
– Die Grenzen der Verständigung. es 1481
– Der kommende Gott. Vorlesungen über die Neue Mythologie. I. Teil. es 1142
– Motive der Moderne. es 1456
– Die Unhintergehbarkeit von Individualität. Reflexionen über Subjekt, Person und Individuum aus Anlaß ihrer ›postmodernen‹ Toterklärung. es 1377
– Was ist Neostrukturalismus? es 1203
Fraser, Nancy: Widerspenstige Praktiken. Macht, Diskurs, Geschlecht. es 1726
Geist gegen den Zeitgeist. Erinnern an Adorno. Herausgegeben von Josef Früchtl und Marina Calloni. es 1630

Philosophie
in der edition suhrkamp

Gemeinschaften. Positionen zu einer Philosophie des Politischen. Herausgegeben von Joseph Vogl. es 1881

Gewalt und Gerechtigkeit. Derrida liest Benjamin. Herausgegeben von Anselm Haverkamp. es 1706

Goodman, Paul: Die Tatsachen des Lebens. Ausgewählte Schriften und Essays. es 1359

Habermas, Jürgen: Technik und Wissenschaft als Ideologie. es 287

Henrich, Dieter: Konzepte. Essays zur Philosophie in der Zeit. es 1400
– Eine Republik Deutschland. Reflexionen auf dem Weg aus der deutschen Teilung. es 1658

Irigaray, Luce: Speculum. Spiegel des anderen Geschlechts. Aus dem Französischen übersetzt von Xenia Rajewsky, Gabriele Ricke, Gerburg Treusch-Dieter und Regine Othmer. es 946

Lacoue-Labarthe, Philippe: Die Nachahmung der Modernen. Aus dem Französischen von Thomas Schestag. es 1708

Laing, Ronald D.: Phänomenologie der Erfahrung. Aus dem Englischen übersetzt von Klaus Figge und Waltraud Stein. es 314

Lüderssen, Klaus: Genesis und Geltung. es 1962

Marcuse, Herbert: Ideen zu einer kritischen Theorie der Gesellschaft. es 300
– Konterrevolution und Revolte. Unter Mitwirkung von Alfred Schmidt übersetzt von Rolf und Renate Wiggershaus. Autorisierte Übersetzung. es 591
– Kultur und Gesellschaft 1. es 101
– Kultur und Gesellschaft 2. es 135

Maruyama, Masao: Denken in Japan. Eingeleitet und aus dem Japanischen übertragen von Wolfgang Schamoni und Wolfgang Seifert. es 1398

Rosset, Clément: Das Reale. Traktat über die Idiotie. Aus dem Französischen von Renate Hörisch-Heligrath. es 1442

Ruinen des Denkens. Denken in Ruinen. Herausgegeben von Norbert Bolz und Willem van Reijen. Mit Abbildungen. es 1933

Russell, Bertrand: Probleme der Philosophie. Aus dem Englischen übersetzt und mit einem Nachwort versehen von Eberhard Bubser. es 207

Sandkühler, Hans Jörg: Die Wirklichkeit des Wissens. es 1679

Sebeok, Thomas A. / Jean Umiker-Sebeok: »Du kennst meine Methode.« Charles S. Peirce und Sherlock Holmes. Aus dem Amerikanischen von Achim Eschbach. es 1121

Serres, Michel: Der Hermaphrodit. Aus dem Französischen von Reinhard Kaiser. es 1552

Philosophie
in der edition suhrkamp

Serres, Michel: Der Naturvertrag. Aus dem Französischen von Hans-Horst Henschen. es 1665

Sloterdijk, Peter: Der Denker auf der Bühne. Nietzsches Materialismus. es 1353

– Eurotaoismus. Zur Kritik der politischen Kinetik. es 1450 und es 3328
– Kopernikanische Mobilmachung und ptolemäische Abrüstung. Ästhetischer Versuch. es 1375
– Kritik der zynischen Vernunft. 2 Bde. es 1099
– Versprechen auf Deutsch. Rede über das eigene Land. es 1631
– Weltfremdheit. es 1781
– Zur Welt kommen – Zur Sprache kommen. Frankfurter Vorlesungen. es 1505

Peter Sloterdijks ›Kritik der zynischen Vernunft‹. es 1297

Sohn-Rethel, Alfred: Soziologische Theorie der Erkenntnis. Mit einem Vorwort von Jochen Hörisch. es 1218

Strasser, Peter: Philosophie der Wirklichkeitssuche. es 1518
– Die verspielte Aufklärung. es 1342

Strohm, Harald: Die Gnosis und der Nationalsozialismus. es 1973

Tugendhat, Ernst: Ethik und Politik. es 1714

Vernant, Jean-Pierre: Die Entstehung des griechischen Denkens. Aus dem Französischen von Edmund Jacoby. es 1150

Veyne, Paul: Foucault: Die Revolutionierung der Geschichte. Aus dem Französischen von Gustav Roßler. es 1702

Vor der Jahrtausendwende: Berichte zur Lage der Zukunft. 2 Bände. Herausgegeben von Peter Sloterdijk. es 1550

Wittgenstein, Ludwig: Tractatus logico-philosophicus. Logisch-philosophische Abhandlung. es 12

Die Zukunft der Aufklärung. Herausgegeben von Jörn Rüsen, Eberhard Lämmert und Peter Glotz. es 1479

Zur Verteidigung der Vernunft gegen ihre Liebhaber und Verächter. Herausgegeben von Christoph Menke und Martin Seel. es 1893

edition suhrkamp
Eine Auswahl

Abelshauser: Wirtschaftsgeschichte der Bundesrepublik Deutschland 1945-1980. NHB es 1241

Achebe: Heimkehr in ein fremdes Land. es 1413
- Okonkwo oder Das Alte stürzt. es 1138
- Termitenhügel in der Savanne. es 1581

Adorno: Eingriffe. es 3303
- Gesellschaftstheorie und Kulturkritik. es 772
- Jargon der Eigentlichkeit. es 91
- »Ob nach Auschwitz sich noch leben lasse«. es 1844
- Stichworte. es 347

Aebli: Küss mich einmal ordentlich. es 1618
- Mein Arkadien. es 1885

Amnestie oder Die Politik der Erinnerung in der Demokratie. es 2016

Anthropologie nach dem Tode des Menschen. es 1906

Armut im Wohlstand. es 1595

Bachelard: Das Wasser und die Träume. es 1598

Bachtin: Die Ästhetik des Wortes. es 967

Barthes: Der entgegenkommende und der stumpfe Sinn. es 1367
- Kritik und Wahrheit. es 218
- Literatur oder Geschichte. es 303
- Mythen des Alltags. es 92 und es 3309
- Das Rauschen der Sprache. es 1695
- Das Reich der Zeichen. es 1077
- Das semiologische Abenteuer. es 1441
- Das Spiel der Zeichen. es 1841

Beck, Ulrich: Die Erfindung des Politischen. es 1780
- Gegengifte. es 1468
- Risikogesellschaft. es 1365 und es 3326
- Die Suche nach der sozialen Wirklichkeit. es 1961

Becker, Jürgen: Ränder. es 351
- Umgebungen. es 722

Über Jürgen Becker. es 552

Becker, Jurek: Warnung vor dem Schriftsteller. es 1601

Beckett: Endspiel. Fin de Partie. es 96
- Flötentöne. es 1098
- Warten auf Godot. es 3301

Benet: Du wirst es zu nichts bringen. es 1611

Benjamin: Das Kunstwerk im Zeitalter seiner technischen Reproduzierbarkeit. es 28 und es 3305
- Moskauer Tagebuch. es 1020
- Das Passagen-Werk. es 1200
- Über Kinder, Jugend und Erziehung. es 391
- Versuche über Brecht. es 172
- Zur Kritik der Gewalt und andere Aufsätze. es 103

Bernhard: Der deutsche Mittagstisch. es 1480
- Ein Fest für Boris. es 3318

Bertaux: Hölderlin und die Französische Revolution. es 344

Bloch: Abschied von der Utopie? es 1046
- Kampf, nicht Krieg. es 1167

edition suhrkamp
Eine Auswahl

Bloch: Tübinger Einleitung in die Philosophie. es 3308
- Viele Kammern im Welthaus. es 1827

Bloom: Die Topographie des Fehllesens. es 2011

Boal: Theater der Unterdrückten. es 1361

Böhme, Gernot: Ethik im Kontext. es 2025
- Für eine ökologische Naturästhetik. es 1556

Böni: Alvier. es 1146
- Hospiz. es 1004
- Der Johanniterlauf. es 1198

Bohrer: Die Kritik der Romantik. es 1551
- Ohne Gewißheiten. es 1968
- Der romantische Brief. es 1582

Boullosa: Sie sind Kühe, wir sind Schweine. es 1866
- Die Wundertäterin. es 1974

Bourdieu: Praktische Vernunft. es 1985
- Rede und Antwort. es 1547
- Soziologische Fragen. es 1872
- »Die Wirklichkeit ist relational«. es 1842

Bovenschen: Die imaginierte Weiblichkeit. es 921

Braun, Volker: Berichte von Hinze und Kunze. es 1169
- Böhmen am Meer. es 1784
- Es genügt nicht die einfache Wahrheit. es 799
- Gesammelte Stücke. es 1478
- Verheerende Folgen mangelnden Anscheins innerbetrieblicher Demokratie. es 1473

Brecht: Der aufhaltsame Aufstieg des Arturo Ui. es 144
- Aufstieg und Fall der Stadt Mahagonny. es 21
- Ausgewählte Gedichte. es 86
- Baal. es 170
- Biberpelz und roter Hahn. es 634
- Broadway – the hard way. es 1835
- Buckower Elegien. es 1397
- Die Dreigroschenoper. es 229
- Furcht und Elend des Dritten Reiches. es 392
- Die Geschäfte des Herrn Julius Caesar. es 332
- Die Gewehre der Frau Carrar. es 219
- Der gute Mensch von Sezuan. es 73
- Die heilige Johanna der Schlachthöfe. es 113
- Herr Puntila und sein Knecht Matti. es 105
- Ich bin aus den schwarzen Wäldern. es 1832
- Der Jasager und Der Neinsager. es 171
- Der kaukasische Kreidekreis. es 31
- Leben des Galilei. es 1
- Leben Eduards des Zweiten von England. es 245
- Mann ist Mann. es 259
- Die Maßnahme. es 415
- Die Mutter. es 200
- Mutter Courage und ihre Kinder. es 49
- Der Ozeanflug. Die Horatier und die Kuriatier. Die Maßnahme. es 222
- Prosa. es 184
- Die Rundköpfe und die Spitzköpfe. es 605

edition suhrkamp
Eine Auswahl

Brecht: Der Schnaps ist in die Toiletten geflossen. es 1833
- Schweyk im zweiten Weltkrieg. es 132
- Stücke. Bearbeitungen. Bd. 1. es 788
- Stücke. Bearbeitungen. Bd. 2. es 789
- Die Tage der Commune. es 169
- Theaterarbeit in der DDR. 1948–1956. es 1836
- Trommeln in der Nacht. es 490
- Über die bildenden Künste. es 691
- Über experimentelles Theater. es 377
- Der Untergang des Egoisten Johann Fatzer. es 1830 und es 3332
- Unterm dänischen Strohdach. es 1834
- Das Verhör des Lukullus. es 740

Bubner: Ästhetische Erfahrung. es 1564
- Dialektik als Topik. es 1591
- Zwischenrufe. Aus den bewegten Jahren. es 1814

Buch: An alle! es 1935
- Der Herbst des großen Kommunikators. es 1344
- Die Nähe und die Ferne. es 1663
- Die neue Weltunordnung. es 1990
- Waldspaziergang. es 1412

Bürger, Peter: Aktualität und Geschichtlichkeit. es 879
- Theorie der Avantgarde. es 727

Bürgergesellschaft, Recht und Demokratie. es 1912

Butler: Körper von Gewicht. es 1737
- Das Unbehagen der Geschlechter. es 1722

Cavelty: Quifezit oder Eine Reise im Geigenkoffer. es 2001

Celan: Ausgewählte Gedichte. Zwei Reden. es 262 und es 3314

Cornell: Die Versuchung der Pornographie. es 1738

Cortázar: Das Observatorium. es 1527

Dalos: Ungarn – Vom Roten Stern zur Stephanskrone. es 2017

Dedecius: Poetik der Polen. es 1690

Dekonstruktiver Feminismus. es 1678

Deleuze: Kritik und Klinik. es 1919
- Die Logik des Sinns. es 1707
- Unterhandlungen. 1972–1990. es 1778

Deleuze/Guattari: Kafka. es 807

Deleuze/Parnet: Dialoge. es 666

Derrida: Das andere Kap. Die vertagte Demokratie. es 1769
- Geschichte der Lüge. es 2019
- Gesetzeskraft. es 1645 und es 3331
- Schreiben der Differenz. es 1843
- Vergessen wir nicht - die Psychoanalyse! es 1980

Deutschsprachige Gegenwartsliteratur wider ihre Verächter. es 1938

Dieckmann: Glockenläuten und offene Fragen. es 1644

Dieckmann: Temperatursprung. Deutsche Verhältnisse. es 1924

edition suhrkamp
Eine Auswahl

Dieckmann: Vom Einbringen. es 1713
Digitaler Schein. es 1599
Dinescu: Exil im Pfefferkorn. es 1589
Döring: Ein Flamingo, eine Wüste. es 1588
– Schnee und Niemand. es 1779
Dorst: Toller. es 294
Draesner: gedächtnisschleifen. es 1948
Drawert: Alles ist einfach. es 1951
– Haus ohne Menschen. es 1831
– Privateigentum. es 1584
– Spiegelland. es 1715
Dröge/Krämer-Badoni: Die Kneipe. es 1380
Duerr: Frühstück im Grünen. es 1959
– Satyricon. es 1346
– Traumzeit. es 1345
Düttmann: Zwischen den Kulturen. es 1978
Duras: Eden Cinema. es 1443
– Hiroshima mon amour. es 3304
– La Musica Zwei. es 1408
– Sommer 1980. es 1205
– Das tägliche Leben. es 1508
– Der Tod des jungen englischen Fliegers. es 1945
– Vera Baxter oder Die Atlantikstrände. es 1389
Duras/Porte: Die Orte der Marguerite Duras. es 1080
Eco: Zeichen. es 895
Eich: Botschaften des Regens. es 48 und 3306
– Rebellion in der Goldstadt. es 1766
Der eingekreiste Wahnsinn. es 965

Norbert Elias über sich selbst. es 1590 und es 3329
Ende der sozialen Sicherheit? es 1907
Engler: Die ungewollte Moderne. es 1925
– Die zivilisatorische Lücke. es 1772
Enzensberger: Blindenschrift. es 217
– Deutschland, Deutschland unter anderm. es 203 und es 3313
– Einzelheiten I. es 63
– Die Furie des Verschwindens. es 1066
– Landessprache. es 304
– Der Weg ins Freie. es 759
Eppler: Kavalleriepferde beim Hornsignal. es 1788
Esser: Nachruf auf den Standort Deutschland. es 1926
Euchner: Egoismus und Gemeinwohl. es 614
Evans: Im Schatten Hitlers? es 1637
Ewald: Der Vorsorgestaat. es 1676
Falkner: X-te Person Einzahl. es 1996
Farge/Foucault: Familiäre Konflikte: Die »Lettres de cachet«. es 1520
Federman: Surfiction: Der Weg der Literatur. es 1667
Federman/Chambers: Penner Rap. es 2020
Fellinger: Paul de Man - Eine Rekonstruktion. es 1677
Felman: Wahnsinn und Literatur. es 1918
Felsenstein: Die Pflicht, die Wahrheit zu finden. es 1986

edition suhrkamp
Eine Auswahl

Fernández Cubas: Das geschenkte Jahr. es 1549
Feyerabend: Briefwechsel mit einem Freund. es 1946
– Erkenntnis für freie Menschen. es 1011
– Wissenschaft als Kunst. es 1231
Versuchungen 1. es 1044
Versuchungen 2. es 1068
Fletcher: Notwehr als Verbrechen. es 1648
Foucault: Psychologie und Geisteskrankheit. es 272
– Raymond Roussel. es 1559
Frank: Einführung in die frühromantische Ästhetik. es 1563
– Gott im Exil. es 1506
– Die Grenzen der Verständigung. es 1481
– Der kommende Gott. es 1142
– Motive der Moderne. es 1456
– Die Unhintergehbarkeit von Individualität. es 1377
– Was ist Neostrukturalismus? es 1203
Franzobel: Das Beuschelgeflecht. Bibapoh. es 1995
– Die Krautflut. es 1987
Fraser: Widerspenstige Praktiken. es 1726
Frevert: Frauen-Geschichte. es 1284
Den Frieden denken. es 1952
Frieden machen. es 2000
Frisch: Biedermann und die Brandstifter. es 41
– Die Chinesische Mauer. es 65
– Don Juan oder Die Liebe zur Geometrie. es 4
– Frühe Stücke. es 154
– Graf Öderland. es 32
Fritsch: Fleischwolf. Ein Gefecht. es 1650
– Steinbruch. es 1554
Fuchs: Westöstlicher Divan. es 1953
Galperin: Die Brücke über die Lethe. es 1627
Gándara: Die Mittelstrecke. es 1597
García Morales: Die Logik des Vampirs. es 1871
– Das Schweigen der Sirenen. es 1647
– Der Süden. Bene. es 1460
Geist gegen den Zeitgeist. es 1630
Genette: Palimpseste. es 1683
Gerhardt: Patientenkarrieren. es 1325
Das Geschlecht der Natur. es 1727
Gewalt und Gerechtigkeit. es 1706
Das Gewalt-Dilemma. es 1905
Ginsburg: Aufzeichnungen eines Blockade-Menschen. es 1672
Globalisierung versus Fragmentierung. es 2022
Glotz: Die falsche Normalisierung. es 1901
Goetz: Festung. es 1793
– Krieg. es 1320
– Kronos. es 1795
– 1989. es 1794
Goytisolo: Ein algerisches Tagebuch. es 1941
– Dissidenten. es 1224
– Landschaften eines Krieges: Tschetschenien. es 1768
– Notizen aus Sarajewo. es 1899
Die Quarantäne. es 1874

edition suhrkamp
Eine Auswahl

Goytisolo: Weder Krieg noch Frieden. es 1966
Graaf: Stella Klein. es 1790
Griffin: Frau und Natur. es 1405
Grill: Wilma. es 1890
Grimm/Hörisch: Wirklichkeitssplitter. es 1965
Gross: Die Multioptionsgesellschaft. es 1917
Grünbein: Grauzone morgens. es 1507 und es 3330
Gruenter: Der Autor als Souffleur. es 1949
– Epiphanien, abgeblendet. es 1870
Gstrein: Anderntags. es 1625
– Einer. es 1483
Günther: Versuche, europäisch zu denken. es 1621
Habermas: Eine Art Schadensabwicklung. es 1453
– Legitimationsprobleme im Spätkapitalismus. es 623
– Die nachholende Revolution. es 1633
– Die Neue Unübersichtlichkeit. es 1321 und es 3325
– Die Normalität einer Berliner Republik. es 1967
– Technik und Wissenschaft als Ideologie. es 287
Hacker, Katharina: Tel Aviv. es 2008
Hänny: Ruch. es 1295
– Zürich, Anfang September. es 1079
Hahn: Unter falschem Namen. es 1723
Handke: Die Innenwelt der Außenwelt der Innenwelt. es 307

– Kaspar. es 322
– Publikumsbeschimpfung und andere Sprechstücke. es 177 und es 3312
– Der Ritt über den Bodensee. es 509
– Wind und Meer. es 431
Happel: Grüne Nachmittage. es 1570
Hart Nibbrig: Die Auferstehung des Körpers im Text. es 1221
Haupt: Sozialgeschichte Frankreichs seit 1789. es 1535
Heijden: Die Drehtür. es 2007
Henrich: Nach dem Ende der Teilung. es 1813
– Eine Republik Deutschland. es 1658
Hensel: Im Schlauch. es 1815
Hentschel: Geschichte der deutschen Sozialpolitik 1880-1980. es 1247
Herbert: Ein Barbar in einem Garten. es 3310
Hertz: Die Spiegelung des Unsichtbaren. es 1939
Hesse: Tractat vom Steppenwolf. es 84
Hettche: Inkubation. es 1787
Die Hexen der Neuzeit. es 743
Hijiya-Kirschnereit: Das Ende der Exotik. es 1466
– Was heißt: Japanische Literatur verstehen? es 1608
Hodjak: Franz, Geschichtensammler. es 1698
– Siebenbürgische Sprechübung. es 1622
Hörisch: Brot und Wein. es 1692
– Gott, Geld und Glück. es 1180
– Kopf oder Zahl. Die Poesie des Geldes. es 1998

edition suhrkamp
Eine Auswahl

Hoffmann-Axthelm: Die dritte Stadt. es 1796
Holanda: Die Wurzeln Brasiliens. es 1942
Holbein: Der belauschte Lärm. es 1643
– Ozeanische Sekunde. es 1771
Hrabal: Die Bafler. es 180
Huchel: Gedichte. es 1828
Im Schatten des Siegers: Japan. es 1495-1498
Irigaray: Ethik der sexuellen Differenz. es 1362
– Speculum. es 946
Jaeger: Geschichte der Wirtschaftsordnung in Deutschland. es 1529
Jansen: Heimat. Abgang. Mehr geht nicht. es 1932
– Reisswolf. es 1693
– Splittergraben. es 1873
Jarausch: Die unverhoffte Einheit. es 1877
Jasper: Die gescheiterte Zähmung. es 1270
Jauß: Literaturgeschichte als Provokation. es 418
Jenseits der Utopie – Theoriekritik der Gegenwart. es 1662
Johansson: Ich habe Shelley geliebt. es 1585
Johnson: Begleitumstände. es 1820 und es 3322
– Das dritte Buch über Achim. es 1819
– Der 5. Kanal. es 1336
– Ingrid Babendererde. es 1817
– Jahrestage 1. es 1822
– Jahrestage 2. es 1823
– Jahrestage 3. es 1824
– Jahrestage 4. es 1825
– Mutmassungen über Jakob. es 1818
– Porträts und Erinnerungen. es 1499
– Versuch, einen Vater zu finden. Marthas Ferien. es 1416
Über Uwe Johnson. es 1821
Joyce: Finnegans Wake. es 1524
– Penelope. es 1106
Judentum im deutschen Sprachraum. es 1613
Kellendonk: Geist und Buchstabe. es 1910
Kenner: Ulysses. es 1104
Ketzer, Zauberer, Hexen. es 1577
Kiesewetter: Industrielle Revolution in Deutschland 1815-1914. es 1539
Kipphardt: In der Sache J. Robert Oppenheimer. es 64
Kirchhoff: Body-Building. es 1005
– Legenden um den eigenen Körper. es 1944
Kleinspehn: Warum sind wir so unersättlich? es 1410
Kling: geschmacksverstärker. es 1523
– Itinerar. es 2006
Klix: Sehen Sprechen Gehen. es 1566
Kluge, Alexander: Gelegenheitsarbeit einer Sklavin. es 733
– Schlachtbeschreibung. es 1193
Koeppen: Morgenrot. es 1454
Kößler/Melber: Chancen internationaler Zivilgesellschaft. es 1797
Kolbe: Abschiede. es 1178
– Bornholm II. es 1402
– Hineingeboren. es 1110

edition suhrkamp
Eine Auswahl

Konrád: Antipolitik. es 1293
- Identität und Hysterie. es 1921
- Die Melancholie der Wiedergeburt. es 1720
- Stimmungsbericht. es 1394
- Vor den Toren des Reiches. es 2015

Krechel: Mit dem Körper des Vaters spielen. es 1716

Krippendorff: Militärkritik. es 1804
- Politische Interpretationen. es 1576
- Staat und Krieg. es 1305
- »Wie die Großen mit den Menschen spielen.« es 1486

Kristeva: Fremde sind wir uns selbst. es 1604
- Geschichten von der Liebe. es 1482
- Mächte des Grauens. es 1684
- Die Revolution der poetischen Sprache. es 949
- Schwarze Sonne – Depression und Melancholie. es 1594

Leggewie: Kultur im Konflikt. es 1960

Lejeune: Der autobiographische Pakt. es 1896

Lem: Dialoge. es 1013

Lenz, Hermann: Leben und Schreiben. es 1425

Lepenies: Benimm und Erkenntnis. es 2018

Leroi-Gourhan: Die Religionen der Vorgeschichte. es 1073

Lesen im Buch der edition suhrkamp. es 1947

Leutenegger: Lebewohl, Gute Reise. es 1001

- Das verlorene Monument. es 1315

Lévi-Strauss: Das Ende des Totemismus. es 128
- Mythos und Bedeutung. es 3323

Lezama Lima: Die amerikanische Ausdruckswelt. es 1457

»Literaturentwicklungsprozesse«. es 1782

Löwenthal: Mitmachen wollte ich nie. es 1014

Lüderssen: Abschaffen des Strafens? es 1914
- Genesis und Geltung. es 1962
- Der Staat geht unter – das Unrecht bleibt? es 1810

Lukács: Gelebtes Denken. es 1088

Maeffert: Bruchstellen. es 1387

Mahony: Der Schriftsteller Sigmund Freud. es 1484

de Man: Allegorien des Lesens. es 1357
- Die Ideologie des Ästhetischen. es 1682

Marcus: Umkehrung der Moral. es 903

Marcuse: Ideen zu einer kritischen Theorie der Gesellschaft. es 300
- Konterrevolution und Revolte. es 591
- Kultur und Gesellschaft 1. es 101

Mattenklott: Blindgänger. es 1343

Mattenklott: Umschreibungen. es 1887

Mayer: Gelebte Literatur. es 1427
- Das Geschehen und das Schweigen. es 342
- Versuche über die Oper. es 1050

edition suhrkamp
Eine Auswahl

Über Hans Mayer. es 887
Mayröcker: Magische Blätter.
  es 1202
– Magische Blätter II. es 1421
– Magische Blätter III. es 1646
– Magische Blätter IV. es 1954
Meckel: Von den Luftgeschäften
  der Poesie. es 1578
Meinecke: The Church of John F.
  Kennedy. es 1997
Menninghaus: Paul Celan.
  es 1026
– Schwellenkunde. es 1349
Menzel: Auswege aus der Abhängigkeit.
  es 1312
– Das Ende der Dritten Welt und
  das Scheitern der Großen
  Theorie. es 1718
Menzel/Senghaas: Europas Entwicklung
  und die Dritte Welt.
  es 1393
Meuschel: Legitimation und
  Parteiherrschaft in der DDR.
  es 1688
Milosz: Zeichen im Dunkel.
  es 995 und es 3320
Mitscherlich: Krankheit als Konflikt.
  es 164
– Die Unwirtlichkeit unserer
  Städte. es 123 und es 3311
Möller: Vernunft und Kritik.
  es 1269
Morshäuser: Hauptsache Deutsch.
  es 1626
– Revolver. es 1465
– Warten auf den Führer. es 1879
Moser: Besuche bei den Brüdern
  und Schwestern. es 1686
– Eine fast normale Familie.
  es 1223
– Repressive Kriminalpsychiatrie.
  es 419

– Romane als Krankengeschichten.
  es 1304
– Verstehen, Urteilen, Verurteilen.
  es 880
Muschg: Herr, was fehlt Euch?
  es 1900
– Literatur als Therapie?
  es 1065
Mythos Internet. es 2010
Mythos Metropole. es 1912
Mythos und Moderne. es 1144
Nachdenken über China. es 1602
Nakane: Die Struktur der japanischen
  Gesellschaft. es 1204
Narr/Schubert: Weltökonomie.
  es 1892
Negt/Kluge: Geschichte und Eigensinn.
  es 1700
Nizon: Am Schreiben gehen.
  es 1328
Nooteboom: Berliner Notizen.
  es 1639
– Wie wird man Europäer?
  es 1869
Oppenheim: Husch, husch, der
  schönste Vokal entleert sich.
  es 1232
Ostermaier: Herz Vers Sagen.
  es 1950
Overbeck: Der Koryphäenkiller.
  es 2009
Oz: Die Hügel des Libanon.
  es 1876
Paz: Der menschenfreundliche
  Menschenfresser. es 1064
– Suche nach einer Mitte.
  es 1008 und es 3321
– Zwiesprache. es 1290
Penck: Mein Denken. es 1385
Petri: Schöner und unerbittlicher
  Mummenschanz. es 1528